Anonymous

**Maria Stuarts Briefwechsel mit Anthony Babington**

Anonymous

**Maria Stuarts Briefwechsel mit Anthony Babington**

ISBN/EAN: 9783744643863

Hergestellt in Europa, USA, Kanada, Australien, Japan

Cover: Foto ©ninafisch / pixelio.de

Weitere Bücher finden Sie auf **www.hansebooks.com**

# Maria Stuart's Briefwechsel

mit

# Anthony Babington.

Herausgegeben

von

## Dr. Bernhard Sepp.

München, 1886.

J. Lindauer'sche Buchhandlung

(Schöpping).

**Motto:**

Vous me chargez par certaines lettres de Babinton; je ne le nye pas; mais monstrez-moy, si vous trouvez, par icelles lettres une seule parole qui face mention de la Royne, ma soeur; alors, il y aura occasion de me poursuivre. J'ay escript à celuy qui m'a escript qu'il me mettra en liberté, que, s'il le pouvoit faire, sans intéresser l'estat de nous deux, qu'il le meist en avant. Qu'en est-ce? (Maria Stuart bei Teulet IV S. 152.)

(ibid. S. 151.) Faictes-moi maintenant apparoir et me monstrez ma propre lettre et ma propre escripture et signature, que vous dictes que j'ay escripte à Babinton: vous ne me monstrez que des coppyes falcifiées, que vous avez remplye de tel laugage que vous avez voullu.

DER ERINNERUNG

AN

# WEILAND SEINE MAJESTÄT

# KÖNIG LUDWIG II.

DEN

## BESCHÜTZER DER KÜNSTE UND WISSENSCHAFTEN

GEWIDMET.

Empfangen hat die düst're Gruft der Ahnen
Ihn, der noch jüngst so froh bei uns geweilt,
Versammelt ist Er unten zu den Manen
Der Väter, die im Tod vorausgeeilt.

In Seines Lebens blüthenreichem Lenze,
In Seiner frischen, vollen Manneskraft
Hart an des Jünglingsalters Scheidegrenze
Hat Ihn die Norne jäh dahingerafft.

Nur wen'ge Jahre sind's — in wildem Jagen
Flog er dahin auf muth'gem Berberross;
Kaum eines mochte seinen Reiter tragen,
Weit hinter Ihm blieb Seiner Diener Tross.

Und hei! in einem anderen Momente
Scheucht Er den Fisch in Amphitrite's Reich
Hinschwimmend in dem nassen Elemente
— Sagt an, wer that es Ihm wohl hierin gleich?

In allen Künsten wundersam erfahren,
Begabt mit Seelenadel und Verstand,
Dem Edlen nur, dem Schönen, Guten, Wahren
Hielt Seinen hohen Sinn Er zugewandt.

Er glaubte an ein ewig göttlich Walten
Im unmessbaren ew'gen Strom der Zeit,
Nicht an des Zufalls eitle Truggestalten;
Sein letztes Hoffen war — Unsterblichkeit.

„Unsterblichkeit" — dies Wort ist Ihm entfallen —
„Ich glaub' an sie, das and're ist gemein!"
Mir dünkt's, als hör' ich sterbend Ihn noch lallen:
„Lebwohl mein Volk! Gott wird mir gnädig sein."

An Seines Grabes erzgefügter Pforte
— Trügt nicht des Lichtes matter Dämmerschein —
Les' ich die wen'gen inhaltsschweren Worte
Geschrieben auf den schwarzen Todtenschrein:

# VI

„Hier ruht ein Fürst, der sich verlassen wähnte
Von Seinem Volke, das er ängstlich mied."
— O eitle Sorge! Nirgend wahrlich gähnte
Da eine Kluft, die Ihn vom Volke schied.

Vom Volke, dessen erste, letzte Bitte
Und heisser Herzenswunsch im Stillen war,
Dass einmal nur beglückt in seiner Mitte
Der Fürst erscheine aller Sorge baar.

Umsonst! — Auf wilden jähen Felsengipfeln,
Wo nur die Gemse hauset und der Aar,
Hoch über allen dunklen Tannenwipfeln
Sein einz'ger liebster Aufenthalt Ihm war.

Nur einmal noch stieg er zum Thale nieder
Zum See, wo Er als Knabe schon geweilt,
Zum letztenmal — denn niemals kehrt er wieder
Vom harten Schicksal allzufrüh ereilt.

Zum Ufer trieb's Ihn, wo die Wogen blinkten,
Unwiderstehlich zog's Ihn da hinab;
Schon naht die Nacht, des Sees Nixen winkten
Und rissen Ihn in's kühle Wellengrab.

Dort fandest Du, mein Fürst, was Du hienieden
Umsonst gesucht — den tiefen Seelenfrieden!
Uns aber bleibt in diesen Trauertagen
Kein and'rer Trost, als Thränen nur und Klagen.

# Vorwort.

Hiemit übergebe ich die Correspondenz der Schottenkönigin Maria Stuart mit Anthony Babington, welche für diese unglückliche Fürstin so verhängnisvoll wurde und deren Verurtheilung und Hinrichtung herbeiführte, nach den Texten, die H. Bresslau jüngst publicirt hat (Histor. Ztschr. herausg. von H. v. Sybel 52. Bd. Jahrg. 1884 S. 311 f.), der Oeffentlichkeit.*) Da ich über den Werth dieser Dokumente der

---

*) Auf den Dank der Recensenten meiner Schriften rechne ich auch diesmal nicht. Uebrigens möchte ich diesen Herren — da sie es nicht zu wissen scheinen — folgendes zu beherzigen geben:

1) Dass ich der erste war, der eine deutsche Uebersetzung der Cassetten-briefe nach den besten Texten lieferte und dadurch wie auch durch einen ausführlichen Commentar und Beilagen das Verständnis dieser oft sehr dunklen Schriftstücke wesentlich erleichterte.

2) Dass ich zuerst in erschöpfender Weise in einem besonderen Buch (im zweiten Theil meines Tagebuchs, den ich „Beweis" betitelte) die einzelnen Widersprüche in den Briefen nachwies.

3) Dass ich zuerst eine übersichtliche Zusammenstellung der Akten jenes Prozesses, bei welchem diese Briefe als Beweismaterial für die Schuld Maria's vorgelegt wurden, noch dazu mit deutscher Uebersetzung und Commentar gegeben habe, woraus allein die näheren Umstände entnommen werden können.

Dieses mein Verdienst bleibt ungeschmälert, selbst wenn meine Hypothese eines „Tagebuchs" auch fernerhin nicht die allgemeine Anerkennung erhalten sollte. Wer übrigens meine Eliminationen mit denen eines H. Gerdes vergleicht, wird, wenn er aufrichtig ist, zugeben müssen:

1) Dass meine Eliminationen weder zahlreicher, noch willkürlicher, noch plan- und systemloser sind, als die des H. Gerdes.

Mein Plan und System besteht darin, dass ich alle Beziehungen des Inhaltes der Briefe auf Bothwell getilgt habe; denn — gibt man einmal zu, dass die Briefe gefälscht sind, so versteht es sich von selbst, dass die Anspielungen auf jenes angebliche Liebesverhältnis Maria's zu Bothwell in die Briefe hineingefälscht wurden.

Mitschuld Maria's an dem Attentat gegen das Leben Elisabeth's, sowie
über die handschriftliche Ueberlieferung derselben schon in meinem
Rücklass der Maria Stuart, München 1885, Lindauer, S. 93 f. gesprochen
habe, kann ich mich hier auf den Abdruck ihres Wortlauts nebst
Commentar und deutscher Uebersetzung beschränken. Im Anhange
sind in gleicher Weise alle übrigen Briefe Maria's aus jener kritischen
Periode, soweit sie auf den letzten Versuch, Maria zu befreien, und auf
die zu ihren Gunsten geplante fremde Invasion Bezug nehmen und zum
Verständnis der obengenannten Correspondenz nöthig sind, mitgetheilt.
Ein Vergleich derselben mit letzterer wird den Leser in Stand setzen,
selbst die echten Bestandtheile der Babingtonbriefe von den Fälschungen
des englischen Agenten Thomas Philipps zu scheiden. Um ihn aber
in jene Zeitverhältnisse, die trostlose Lage Maria's, das Getriebe des
englischen Cabinets, die Pläne der englischen Katholiken und der auswärtigen katholischen Fürsten einzuführen, halte ich nichts für geeig-
neter, als den in der Einleitung dieses Buches gegebenen zeitgenössischen
Bericht, welcher unter dem Titel „Mémoire de M. de Chateauneuf sur
la conspiration de Babington" bei Labanoff VI S. 275 f., Teulet, Relations IV S. 91 f. gedruckt, leider aber unvollständig ist. Sicherlich

---

2) Dass meine Hypothese an und für sich mehr Wahrscheinlichkeit hat
   a) weil sie allein die Beigabe der Notizblätter und die innige Verwandt-
      schaft, welche zwischen dem Inhalt der Briefe und diesen Notizen be-
      steht, rechtfertigt und die Behauptung Murray's, dass die „Briefe" von
      Maria's Hand herrührten, wenn auch nicht im vollen Umfange, doch
      im grossen Ganzen bestehen lässt;
   b) weil sie nur einen einzigen, von einer Person (Maria), an einem
      Ort, zu einer Zeit, in einer Sprache (der französischen = der Lieblings-
      sprache Maria's) verfassten Bericht zur Voraussetzung nimmt, während
      Gerdes eine Reihe von Briefen (im ganzen 13!!), die von ver-
      schiedenen Personen (Maria, Darnley, Robert Stuart) in ver-
      schiedenen Sprachen (schottisch und französisch) zu verschie-
      denen Zeiten und an verschiedenen Orten verfasst sind,
      postulirt und noch obendrein zu einer Anzahl von Postscripten (!!)
      seine Zuflucht nehmen muss.

Auch in der Auswahl der Texte, die ich meiner Uebersetzung zu Grunde
legte, wird man mir beistimmen müssen. Die von H. Gerdes „mit voller Sicherheit" ausgesprochene Behauptung, dass der aus dem Lateinischen hergeleitete
französische Text (dessen Existenz vor dem Jahre 1572 nicht nachweisbar ist) bei
der Herstellung des endgültigen französischen Textes, welcher auf der Conferenz
von Westminster (1568) vorgelegt wurde, benutzt worden sei, ist schon von

ist derselbe noch im Jahre 1587 unter dem frischen Eindruck der Hinrichtung Maria Stuart's entstanden, wenn auch nicht vor dem Tode des Lordkanzlers Thomas Bromley (gest. 12. April 1587), statt dessen

---

H. Forst *) u. a. widerlegt. Beide Texte haben nichts mit einander gemein, als die Anfänge der Briefe, welche der Verfasser der französischen Detectio (wahrscheinlich der Hugenotte Camuz aus Poitou, s. Jebb I S. 425 u. 443) aus der schottischen Detectio, wo sie noch heute zu lesen sind (s. den kritischen Apparat in m. Tageb. I. Th.), unverändert herübernahm, während er für alles übrige, weil des Schottischen unkundig, auf die lateinische Version (G. Buchanan's) der Briefe angewiesen war, der er geradezu sklavisch gefolgt ist. Das wirkliche Verhältnis der Texte ist, wie schon längst, zuletzt von Bresslau, zur Evidenz nachgewiesen worden ist, graphisch dargestellt, folgendes:

**Französisches Original**

von Maria's Hand 23. bis 27. Januar 1567 zu Glasgow verfasst und später durch John Wood interpolirt. („Brief" III, IV, V, VI in officiellen Copien erhalten welche Murray am 8. Dezember 1568 den englischen Commissären aushändigte, s. m. W.: Maria St. u. ihre Ankläger S. 89 A. 5.)

schottische Uebersetzung John Wood's, schon vor dem 22. Juni 1568 entstanden (s. m. W.: Maria St. und ihre Ankl. S. 33) und in der schottischen Detectio, welche 1572 erschien, von sämmtlichen Briefen erhalten.

lateinische Uebersetzung Georg Buchanan's, i. J. 1571 entstanden (s. E. Bekker, Maria St., Darley u. Bothwell S. 278) und in der lateinischen Detectio, welche in demselben Jahr erschien, von Brief I, II, IV erhalten.

französische Rückübersetzung des hugenottischen Advokaten Camuz i. J. 1572 entstanden (s. o.) und in der französischen Detectio von allen Briefen mit Ausnahme von Brief III erhalten.

(officielle) englische Uebersetzung am 7. u. 8. Dezember 1568 entstanden und von Murray den englischen Commissären überreicht (s. m. W.: Maria St. u. ihre Ankl. S. 93 A. 2); sie ist nach den französischen Copien gefertigt von Brief I, II u. IV erhalten.

Damit fällt alles, was H. Gerdes über die Entstehungsart der Fälschung (in vier Fälschungsstadien!!) sagt, als eitles Hirngespinnst zusammen und ich kann ihm nur den Rath ertheilen, an allgemein anerkannten Thatsachen nicht länger zu rütteln.

*) Obwohl der zu Westminster vorgelegte französische Text der allein authentische ist, will Forst die im Originaltext erhaltenen Worte des Briefes IV: „qui ne font que partir quand j'ay commencé" nach der schottischen und lateinischen Version corrigiren(!). Aber meine von Gerdes

X

Sir Christopher Hatton, sein Nachfolger im Amte (seit dem 29. April des gen. Jahres), darin aufgeführt wird.

citirte Uebersetzung: „die sich sofort entfernen, wenn ich zu schreiben beginne" ist vollkommen richtig. Maria liebte den Verkehr mit ihren Dienern, die sich jedesmal aus Taktgefühl entfernten, sobald Maria zur Feder griff. Um sie daher nicht aus ihrer Nähe zu vertreiben, verschob Maria ihre Aufzeichnungen bis Mitternacht, wo jene längst zu Bette gegangen waren; vgl. den Anfang des Briefes: J'ay veillé plus tard etc. und die unmittelbar vorhergehenden Worte: Ce que je ne puis faire (c. à. d.: dormir s. m. Tagebuch I S. 36 A. 69) car je nay ose escrire devant Joseph et Bastienne et Joachim.

Wenn H. Forst behauptet, dass de vor partir nach modernem Sprachgebrauch nötig und hier ausgelassen sei, so wirft dies ein schlimmes Licht auf seine Kenntnis der französischen Grammatik.

Zusatz. S. 45 Z. 4 v. u. ist zu lesen: Lingard VI. S. 688 f. u. S. 713 f.

# Einleitung.

## (Memoire Chateauneuf's.)

Im August des Jahres 1586 begann in England die Enthüllung
gewisser Pläne, welche zu Gunsten der Schottenkönigin, damals Gefangene
im Schlosse Chartley, in der Grafschaft Stafford, wo sie durch die
Königin von England in Haft gehalten wurde, nachdem sie ungefähr
um Weihnachten 1585 dorthin gebracht worden war,[1]) geschmiedet
wurden. Die gen. Dame war von einem englischen Edelmann, Namens
Sir Amias Poulet, bewacht, der damit ungefähr zwei Jahre früher be-
traut worden war,[2]) ein Ehrenmann, der Gesandter in Frankreich gewesen war, im Uebrigen aber ein eifriger Hugenott und ein Parteigänger derer, welche als die Feinde der Schottenkönigin betrachtet
werden.

Die gen. Dame, schottische Königin, war bereits seit 18 Jahren
Gefangene,[3]) bedient von ihren Dienern, theils Franzosen, theils Schotten,
bis 40 an der Zahl, auf Kosten der englischen Königin, was ihren und
der ihrigen Lebensunterhalt (= Kost) anbelangt; was dagegen ihre
übrigen Ausgaben betrifft, so kam dies aus Frankreich von dem Geld
ihres Wittwenguts.[4])

---

1) Weihnachtsabend (24. Dez.) 1585 aus Schloss Tutbury (in ders. Grafschaft),
wo Maria seit dem 14. Januar 1585 geweilt hatte (die Daten sind überall, wo sie
einfach gegeben sind, vom alten Stil zu verstehen; der reformirte Kalender hatte
damals zehn Tage vor dem julianischen voraus).

2) Seit dem 17. April 1585 s. Brief Sadler's und Poulet's an Elisabeth vom
19. April bei John Morris, The Letter-Books of Sir Amias Poulet, keeper of Mary.
Queen of Scots. London 1874, S. 7. Vgl. über Poulet, ibid. Preface, S. XI f. und
S. 1 f. und Morgan's Brief an Maria vom 30. März/9. April 1585, ibid. S. 19 f.

3) Seit dem 18. Mai 1568, an welchem Tage Maria nach ihrer im Vertrauen
auf Elisabeth's Schutz (s. Laban. IV S. 29, VI S. 472) unternommenen Flucht auf
englischen Boden zu Carlisle internirt wurde.

4) = 40000 livres, welche Marie als Wittwe Franz II. von Frankreich bezog;
in Wahrheit wurden ihr freilich nur 20000 ausbezahlt, s. u.

1

Ihre vornehmsten Diener waren: Herr (Andrew) Melvil, ein Schotte, ihr Haushofmeister; Mr. (Claude) Nau, ein Franzose, ihr erster Sekretär; (Gilbert) Curle, ein anderer Sekretär, ein Schotte; ein Arzt (Dominique Bourgoing); ein Chirurg (Jaques Gervais); ein Kammerdiener (Sébastien Pages); (Jérôme) Pasquier, ihr Silberbewahrer, und andere Bedienstete.[5]) Damen hatte sie 10 oder 12, die Mehrzahl Schottinnen; auch hatte sie ein junges Mädchen, Nichte des Grafen Shrewsbury, eine Engländerin mit Namen Elisabeth Pierrepont aufgezogen, die sie sehr liebte, an ihrer Tafel essen und bei sich schlafen liess.[6])

Ihre Angelegenheiten in Frankreich wurden durch Mr. (James Beaton Erzbischof) von Glasgow, einen Schotten, ihren Gesandten (in Paris); einen Advokat, Namens Du Ruisseau, Schwager des Nau, dem sie ihr Siegel übergeben hatte; Mr. (Antoine) de Chaulnes, ihren Schatzmeister, und andere Leute des Conseils und Finanzbeamte besorgt, die ihr alljährlich nur 20000 livres schickten. Alles, was aus Frankreich gesandt wurde, sowohl Briefe als Geld, ging durch die Hände des französischen Gesandten in London, der das Ganze an Herrn (Francis) von Walsingham, Staatssekretär der englischen Königin, übergab, um es der gen. Dame Schottenkönigin zustellen zu lassen, die mit allen Dienern so streng bewacht wurde, dass niemand mit ihnen sprach, oder ihnen schrieb, ohne dass es von dem gen. Herrn von Walsingham oder von Poulet gesehen und gelesen worden wäre, wie desgleichen alle Briefe, welche sie an den französischen Gesandten oder an die Herren ihres Conseils schrieb, ehe man sie ihnen zusandte, gesehen und gelesen wurden.[7])

5) S. die von Poulet verfasste und an Walsingham übersandte (Morris S. 298) Liste der Dienerschaft Maria's zu Chartley, 29. August 1586 gedr. in m. Rücklass der M. St. (München 1885, Lindauer) S. 59 f. Nau, Curle und Pasquier fehlen darin, da sie um jene Zeit schon verhaftet waren. Als Apotheker wird in Bourgoing's Journal (herausg. von Robert Chantelauze, Marie Stuart son procès et son exécution. Paris 1876. S. 484) Pierre Gorion genannt, vgl. Teulet, Relations V S. 502, 503 etc., Laban. VI S. 489 u. 490 (Gourgon); zu Nicolas de la Mare (potagier) vgl. Samuel Jebb, de vita et rebus gestis serenissimae principis Mariae Scotorum Reginae. Londini 1725. vol. II S. 656.

6) S. A 22.

7) Die Richtigkeit dieser Behauptung erhellt aus Poulet's Briefen (bei Morris) und aus der Thatsache, dass von sehr vielen Schriftstücken Copien im State Paper Office in London sind, s. M. J. Thorpe, Calendar of State Papers. London 1858. Bd. II. Mary Q. of Scots vol. XV—XIX. Die Correspondenz Maria's mit dem französischen Gesandten wurde seit 1583 durch dessen (von Walsingham bestochenen) Sekretär Chérelles an das englische Cabinet verrathen, s. Laban. V S. 361 A., S. 429 u. 430 A.; VI S. 26 f, S. 150 A. S. 269 A. S. 367; VII S. 173 u. S. 177. Anderes von Archibald Douglas und William Fowler s. Laban. V S. 361 A. VI S. 14 A. Ueber das zu Chartley organisirte Spionagesystem s. u.

Damals war Gesandter in England für den König von Frankreich
(Heinrich III.): Messire Guillaume de l'Aubespine, Baron de Chateau-
neuf-sur-Cher, in Berry. Mitglied des Staatsraths des Königs, der im
August 1585 dort angekommen war und die gen. schottische Königin
in ihren Angelegenheiten mit der englischen Königin unterstützte, wie
es die andern Gesandten vor ihm gethan hatten, und wie er auch aus-
drücklichen Befehl des Königs, seines Herrn, (dazu) hatte.
Die gen. Dame war im Jahre 1568 wegen der Rebellion ihrer
Unterthanen aus Schottland geflüchtet und hatte sich nach England
zurückgezogen, wo sie bis auf diesen Tag unter verschiedenen Umständen
gefangen gehalten worden war, die meiste Zeit in (Sheffield)[8]) einem
Schloss des Gr. v. Shrewsbury und von ihm beaufsichtigt, wo sie viel
Freiheit hatte und ihr leicht vertraute Briefe durch die französischen
Gesandten und ihre Anhänger zugeschickt wurden.
Die gen. Dame war die wahre Erbin der Krone von England
nach dem Tode der Königin Elisabeth und ausserdem war sie Katholikin; wie jene Eigenschaften ihr daher viele geheime Anhänger in
England gewannen, vornehmlich alle Katholiken, deren es eine grosse
Zahl gibt, so war dies auch der Grund, warum sie von den Protestanten
gehasst und gefürchtet wurde, insbesondere von allen Grossen, die dieses
Königreich regierten, derart, dass sie, sei es mit Recht oder mit Unrecht, während der ganzen Zeit ihrer Gefangenschaft niemals aufgehört
hatten, sie zu verläumden, in der Absicht, die Königin (Elisabeth) zu
ihrer Hinrichtung zu verleiten. So beschuldigten sie dieselbe im Anfang, mit dem Herzog von Norfolk in Correspondenz gewesen zu sein,
damit er sie heirate und Aufruhr im Königreich stifte, woraufhin der
gen. Herzog im Jahre 1572 (am 2. Juni) enthauptet wurde;[9]) und
später legten sie ihr alle Anschläge zur Last, welche die Katholiken in
diesem Königreich machten, indem sie behaupteten, dass diese mehren-
theils zu ihren Gunsten gemacht worden seien. Im Jahre 1584 hielten
sie ein Parlament, auf welchem vereinbart wurde, dass alle diejenigen,
welche direkt oder indirekt auf die Königin oder ihren Staat ein Attentat
machen würden, des Verbrechens des Hochverraths schuldig sein und
jedes Recht, welches sie auf die Krone beanspruchten, wenn es von
solchen geschehe, die darauf Anspruch machen könnten, verlieren sollten.

---

8) In der Grafschaft York, von Ende November 1570 bis 2. September 1584.
9) Maria's Correspondenz mit Norfolk ist gedr. bei Laban. II S. 344 f., 368 f.,
III S. 4 f., 11 f., 19 f., 31 f., 35 u. 36 f., 47 f., 61 f. und in Lord Hardwicke's Mis-
cellaneous State Papers I S. 190 f.; Norfolk's Prozess in Cobbett's State Trials,
London 1809, vol. I S. 957 f. (N. 56).

Hiezu fügten sie Verbote an alle, unter derselben Strafe, von der Nachfolge und den Erben der Königin im Throne von England zu reden.[10]) Im Jahre 1584, während die gen. Dame bei dem gen. Gr. v. Shrewsbury verweilte, wurde der gen. Graf beschuldigt, dass er der gen. Dame zu viel Freiheit gewähre, und war deshalb in Unruhe, so dass er um Enthebung davon bat; so kam es, dass die gen. Dame in ein Schloss der Königin, gen. Tutbury,[11]) geführt und dort in die Hände eines gewissen Herrn Raphael Sadler, Staatsrath, gegeben wurde, der sie ungefähr ein Jahr lang bewachte.[12])

Im Anfang des Jahres 1585[13]) wurde der gen. Sadler entfernt und an seiner Stelle Sir Amias Poulet geschickt, der Gesandter in Frankreich gewesen und von wegen dieser Stellung Mitglied des Staatsraths geworden war, ein eifriger Hugenott und ganz und gar den Feinden der Schottenkönigin ergeben und ein sehr strenger Mann. Als sie in den Händen des gen. Sadler und Poulet war, verlor sie jedes Mittel, vertraute Briefe, von welcher Seite auch immer, während der gen. Jahre 1584 und 1585 zu erhalten, so dass Herr (Michel de Castelnau) de Mauvissière, als er von seinem Gesandtschaftsposten im September 1585 abtrat, in den Händen seines Nachfolgers, des Herrn von Chateauneuf, eine grosse Anzahl von vertrauten Packeten für die gen. Dame hinterliess, welche er ihr während der gen. Jahre nicht hatte überschicken können.[14])

---

10) Dieser Parlamentsbeschluss vom 23. November 1584 betitelt: An Acte for provision to be made for the suretie of the Queene's Majestie's most Royal Person, and the continuance of the Realm in Peace (gedr. State Trials I S. 1163 f.) wurde mit deutlicher Beziehung auf Maria gefasst; vgl. die darin erw. Association zum Schutze des Lebens der Elisabeth (ibid. S. 1161 f.), der sich Maria in einer Deklaration, Wingfield 5. Januar 1585 (bei Laban. VI S. 76 f.) anzuschliessen bereit erklärte (s. noch Sadler, State Papers II S. 444 f. u. 491, Laban. VI S. 61 N. 10 und S. 89). Maria erhielt hierauf, wie auf ihren Brief an Elisabeth vom 13. Januar 1585 bei der Abreise nach Tutbury (s. Laban. VI S. 86 f.) keine Antwort, worüber sie sich in einem Brief an Burghley vom 6. Februar bitter beschwerte (s. Laban. VI S. 96 f.).

11) 14. Januar 1585 s. A. 1.

12) Vom 25. August 1584 bis 19. April 1585 s. A. 2. Sadler wurde auf sein dringendes Ansuchen versetzt, da er „lieber sein Leben lang im Tower sein, als noch länger in Tutbury bleiben wolle" s. Sadler, State Papers II S. 539. Vgl. die Beschreibung, welche Maria in ihren Briefen an Mauvissière vom 10. Juli, 12. August, 6. September 1585 von Tutbury gibt, bei Laban. VI S. 181 f., 201 f., 215 f. Sadler, State Papers II S. 489 f., 514 f.

13) S. A. 12 und A. 2.

14) Maria datirt das Ausbleiben aller Nachrichten aus der Aussenwelt von

Es war in England und in ganz Europa das Gerücht verbreitet, dass die vornehmsten Herren des Conseils von England nichts anderes beabsichtigten, als die Königin Elisabeth zur Hinrichtung der gen. Schottenkönigin zu verleiten und sie dabei überredeten, dass der Pabst, der katholische König (von Fr.) und die vom Hause der Guisen in Frankreich, nahe Verwandte der gen. Königin, und alle englischen Katholiken täglich Anschläge und Unternehmungen ersännen, um die gen. Königin Elisabeth zu tödten, damit durch deren Tod die gen. Maria, Königin von Schottland, im Throne von England succedire und dort die katholische Religion wiederherstelle, welche die Königin Elisabeth bei ihrer Thronbesteigung abgeschafft hatte. Nichtsdestoweniger hatte sich die gen. Königin Elisabeth aus Rücksicht auf den König von Frankreich und auf den König von Schottland, den Sohn der gen. Königin Maria (Jakob VI), dieser That noch immer enthalten.[15])

Endlich im Jahre 1586, gegen Beginn des Jahres, kam ein junger Mann nach England, mit Namen Gilbert Gifford, Sohn eines englischen Edelmanns, der Katholik und Bruder eines der Pensionäre der Königin war, die wir in Frankreich die hundert Edelleute des königlichen Hauses nennen. Der gen. Gifford kam aus Frankreich, wo er 7 oder 8 Jahre bei den Jesuiten (vielmehr in dem von englischen Säkulargeistlichen geleiteten Seminar zu Rheims, s. Morris S. 143 u. 388 f.) erzogen worden war; er hatte Italien und Spanien bereist und sprach alle Sprachen vortrefflich. Er wandte sich an den Herrn von Chateauneuf mit Briefen des Herrn von Glasgow, Gesandten der Schottenkönigin in Frankreich, eines gewissen Morgan, eines Engländers, der wegen seiner Religion verfolgt in Frankreich lebte und ein treuer Diener der Schottenkönigin war,[16]) sowie einiger anderer englischer Refugiés in Frankreich, gleich-

---

dem Tag ihrer Abreise von Wingfield nach Tutbury, d. i. vom 13. Januar 1585, s. Laban. VI S. 303, 313, 823, 326, 331, 349 etc.; auch ihre Briefe an Elisabeth blieben unbeantwortet, s. ibid. S. 96 f., Morris S. 37.

15) Schon zur Zeit des Aufstandes der Gr. v. Northumberland u. Westmoreland i. J. 1569 war das grosse Siegel von England zum Zweck der eventuellen Hinrichtung Maria's von London abgegangen, s. Leicesters Brief vom 10. Okt. 1585 bei Tytler VII S. 463 f. Im J. 1572 forderte das Haus der Gemeinen in einer Adresse an Elisabeth nach Norfolk's Hinrichtung auch den Tod Maria's, s. Hosack II S. 117 f. Das Gleiche that Bischof Sandys von London unter dem Eindruck der Nachricht von der Pariser Bluthochzeit (24. August 1572); über den damaligen Plan Burghley's, Maria den Schotten (d. i. dem sicheren Tode) auszuliefern, und über die geheime Sendung seines Schwagers Sir Henry Killigrew nach Schottland, vgl. Hosack II S. 146 f. u. 565 f. und Tytler VII S. 465 f.

16) Thomas Morgan verwaltete in Paris mit Charles Paget (Bruder des

falls um ihrer Religion willen, die sich gewöhnlich in ihren Privat-
angelegenheiten an den Gesandten Frankreichs wandten, da sie kein
anderes Mittel hatten, an ihre Freunde in England zu schreiben und
Gelder zu empfangen, als durch Vermittlung der Gesandtschaft.
Der gen. Gifford war, wie sich weiter unten zeigen wird, ein
Mensch, der durch die Herren vom (geheimen) Conseil von England
angestiftet worden war,[17]) die Schottenkönigin zu verderben, wie sie
ja an allen Höfen Europa's Leute haben, welche unter dem Deckmantel
des Katholicismus ihnen als Spione dienen, und es gibt kein Jesuiten-
colleg, weder zu Rom noch in Frankreich, wo sich nicht solche finden,
die Tag für Tag Messe lesen, um sich zu verbergen und dieser Fürstin
besser dienen zu können. Ja, es gibt sogar viele Priester in England,
die von ihr geduldet werden, um durch das Mittel der Ohrenbeichte die
Anschläge der Katholiken entdecken zu können.

Man muss wissen, dass die gen. Königin Elisabeth, eine sehr ver-
ständige Fürstin, vier Herren in ihrem (geheimen) Conseil hat, mit
welchen sie ihre Geschäfte, sowohl den anderen christlichen Fürsten als
den Hugenotten und Katholiken gegenüber, mit grosser Geschicklichkeit
leitet. Die gen. vier sind: Christopher Hatton, Grosskanzler (vielmehr
Thomas Bromley; Hatton war nur Vicekämmerer), William Cecil, gen.
Lord Burghley, Grossschatzmeister von England, Robert Dudley, Graf
v. Leicester, Grosshaushofmeister (vielmehr Grossstallmeister) und Francis
Walsingham, erster Staatssekretär. Diese vier sind von ihr aus niederem
Stande zu hohen Ehren erhoben worden aus verschiedenen Gründen.

Der Kanzler und der Schatzmeister gaben sich immer den An-
schein, als hielten sie die Partei des Königs von Spanien, ja selbst der
Katholiken in diesem Königreich (England) und als begünstigten sie
deren Interessen. Dagegen der Graf v. Leicester und Walsingham zeigten
sich immer als eifrige Protestanten und liessen Sympathie mit Frankreich durchblicken. In Wahrheit aber ist das ganze nur eine Komödie,

Ende d. J. 1588 nach Spanien geflüchteten Lord Paget) Maria's Wittwengut. Auf
Grund der Aussage Dr. William Parry's am 13. Februar 1585 (s. Cobbett's State
Trials I S. 1100 f.; vgl. den Brief Parry's an Elisabeth vom 14. Februar aus dem
Tower ibid. S. 1104 f.: die daselbst unterdrückten Stellen des Briefes s. bei
Hosack II S. 299 f.) verlangte Elisabeth dringend dessen Auslieferung. Heinrich III.
aber begnügte sich, ihn in die Bastille zu setzen. Maria hielt Morgan für un-
schuldig (s. Laban. VI S. 146) und verwandte sich in Briefen an den frz. Gesandten
u. a. wiederholt, aber vergeblich, für ihn, um ihm die Freiheit wieder zu verschaffen, s. Laban. VI S. 266, 300, 307, 311, 319, 419, 435.

17) Ein schlagender Beweis hiefür ist Gilbert Gifford's Brief an Walsingham
vom 11. Juli 1586 bei Hosack II S. 602 f., Morris S. 220 f.

die sie mit Wissen ihrer Gebieterin spielen, um die Räthe jener Fürsten
zu täuschen und die englischen Katholiken und alle diejenigen, welche
der Schottenkönigin huldigten, zu verderben. Nun, um auf den gen.
Gifford zurückzukommen, so kam er im Monat Dezember 1585 mit
Briefen der gen. Glasgow, Morgan, Paget und anderer englischer Refugiés
in Frankreich nach England; dieselben bescheinigten, dass er ein
rechtschaffener und der Schottenkönigin treu ergebener Mann sei, da er
ein strenger Katholik und solange bei den Jesuiten (s. o.) erzogen worden
war. Der französische Gesandte hatte unter seinen Sekretären einen
gewissen Cordaillot, dem er die Angelegenheiten der Schottenkönigin wie
auch die jener armen flüchtigen englischen Katholiken zu besorgen
übergeben hatte: ihre Briefe in Empfang zu nehmen, sie zuzustellen und
ihnen die Antwort darauf zu übersenden mit dem Geld, welches ihre
Verwandten und Freunde ihnen lieferten. Nachdem Cordaillot die Briefe
des gen. Gifford durchgesehen hatte, fragte er ihn um den Grund seiner
Reise hieher (nach England). Jener antwortete ihm, er sei von den
Anhängern der Schottenkönigin hieher gesendet, um ein Mittel ausfindig
zu machen, ihr vertraute Briefe zukommen zu lassen, was er zu
bewerkstelligen vermöge, da das Schloss, in welchem die gen. Königin
wohne, dem Hause seines Vaters nahe sei. Er sagte ihm, er habe diese
Reise angetreten und diesen Auftrag auf sich genommen von dem Wunsche
beseelt, der gen. Schottenkönigin um der Religion willen einen Dienst zu
leisten und Mittel zu suchen, sie von dem, was in Frankreich und
anderswo vorgehe, in Kenntnis zu erhalten, um später mit ihr das Mittel
zu berathen, wie sie aus dieser Gefangenschaft, wenn es irgend möglich
wäre, befreit werden könne, oder ihr wenigstens diese Erleichterung zu
verschaffen, Briefe von ihren Freunden und Dienern, die in Frankreich
seien, erhalten zu können. Darauf erwiderte ihm der Gesandte nur wenig,
da er fürchtete, es möchte ein Spion der Herren vom (geheimen) Conseil
sein, wie sie ja schon manche andere angestiftet hatten, um zu entdecken,
ob nicht der gen. Gesandte geheime Correspondenz mit der
Schottenkönigin unterhalte. Er warnte ihn, sich wohl in Acht zu nehmen,
da er leicht entdeckt und verhaftet werden könne, wenn er das sei, was er
zu sein vorgebe. Jener erwiderte ihm, dass er gar nicht als Engländer
bekannt sei, da er dieses Königreich seit seinem 10. oder 12. Jahr
verlassen habe; dass sogar sein Vater und seine Schwestern ihn nicht
wiedererkennen würden, wie er in der That sehr jung war und fast keinen
Bart hatte. Er entfernte sich und, wie man später erfuhr, hatte er seine
Wohnung bei einem gewissen (Thomas)

8

Philipps (Phelippes),[18]) einem Hauptagent des Herrn von Walsingham, mit dessen Hülfe er seine ganze Intrigue durchführte.

Gegen Ende des Jahres 1585 wurde die Schottenkönigin aus dem Schloss Tutbury entfernt und nach Chartley in der Grafschaft Stafford, einem Schloss des Grafen von Essex, eines Stiefsohns des Gr. v. Leicester, verbracht,[19]) welches Haus nahe an dem des Vaters des Gifford war. Der gen. Gifford wohnte den ganzen Monat Januar in London, indem er insgeheim die katholischen Anhänger der Schottenkönigin aufsuchte und ihre Absichten ausforschte; zuweilen kam er in die Wohnung des (frz.) Gesandten, um den Sekretär Cordaillot zu sprechen, zu erfahren, ob keine Briefe für ihn aus Frankreich gekommen seien, welche unter dem Namen Nicolas Cornelius an ihn adressirt waren. Endlich, als er sich zur Schottenkönigin begeben wollte, erschien er vor dem gen. Gesandten, der ihm einen Brief an die gen. Dame in der Chiffre geschrieben, deren sie sich gewöhnlich (im Verkehr) mit Herrn v. Mauvissière bediente hatte, mitgab. In diesem Briefe war nichts, als gewöhnliche Dinge enthalten.[20])

Am ersten März 1586 kam der gen. Gifford, alias Cornelius, zurück und überbrachte dem französischen Gesandten die Antwort auf den gen. Brief[21]) mit einer sehr ausführlichen ganz neuen Chiffre der gen.

---

18) Vgl. über diesen: Morris S. 19, 87, 114 u. 115 f., 126, 151 f., 155 f., 169, 170, 189, 194, 198, 201, 212 f., 214, 216 f., 218 f., 220, 222, 223 f., 225 f., 234 f., 245, 246, 278 f., 283 f., 284 f., 287, 375. Tytler VIII S. 440 A 1 u. 2, S. 447 f., 449 f. Maria's Aeusserungen über ihn Laban. VI S. 262 f., 419, 423 f., 431; vgl. noch Laban. VII S. 192 f. und die Indorsationen der von Philipps entzifferten Briefe bei Laban. VI S. 266, 311, 321, 353, 395 u. 396, 404, 412, 426; VII S. 191.

19) S. A. 1. Essex war darüber sehr ungehalten, s. Morris S. 98 u. 101; vgl. S. 99 f. (über Mr. Gifford's Haus).

20) Maria hat diesen Brief nach ihrer Versicherung niemals gelesen, sondern sie bat Chateauneuf, falls er in der alten Chiffre geschrieben sei, ihn wieder zurückzunehmen, s. Laban. VI S. 262. — Wahrscheinlich hat Philipps, welcher um Weihnachten 1585 nach Chartley kam (s. Laban. VI S. 262 f., Morris S. 126), in Person die Vorbereitungen zu dem famosen Brieftransport getroffen.

21) Diese Antwort, datirt Chartley letzten Jänner 1586, ist mit der darin enthaltenen Copie der letzten vorausgegangenen Depesche Maria's an Chateauneuf (aber ohne das übersandte Alphabet) nach einer Abschrift im State Paper Office gedr. bei Laban. VI S. 257 f. Der gen. Brief ist noch sehr vorsichtig gehalten: Maria will Chateauneuf nichts anvertrauen, bis er die neue Chiffre erhalten habe. Nicht diesem Brief Maria's, wohl aber dem vom 24. März — Maria's Antwort auf den Brief Chateauneufs vom 6. März (n. St.) gedr. bei Laban. VI S. 261 f., vgl. Morris, S. 166 u. 164 (Poulet an Walsingham 28. März) — ist ein kurzes Postscript von Nau angehängt, worin er sich Cordaillot empfiehlt. Gifford, der Maria am

königlichen Dame, deren er sich, wie sie bat, in Zukunft (im Verkehr)
mit ihr bedienen solle. Sie äusserte ihre Freude über diesen Weg, der
ihr geöffnet worden sei, ihm insgeheim schreiben zu können, sie bittet
ihn, die im Packet eingeschlossenen Briefe dem Herrn von Glasgow,
ihrem Gesandten in Frankreich, zuzustellen, fügt bei, dass sie ihn
(Chateauneuf) ersuche, dem gen. Cornelius zu vertrauen und mit ihm
Anordnung zur Bestellung der Briefe in Zukunft zu treffen, sowohl
derjenigen, welche die gen. Dame an ihre geheimen Anhänger in London,
als auch jener, welche sie nach Frankreich schreiben würde. Diesem
lag ein Brief des Herrn Nau, ihres ersten Sekretärs, bei, der in Privat-
angelegenheiten des gen. Nau an Cordaillot adressirt war, insbesondere
damit er die Heirat des gen. Nau mit dem Vater eines Mädchens, Namens
Pierrepont,[21]) welches bei der Schottenkönigin aufwuchs und von ihr
sehr geliebt wurde, bespreche. Dieser Vater war damals in London
und die erw. Heirat wurde zwischen dem gen. Nau und dem gen.
Mädchen insgeheim wider Willen der Schottenkönigin, ihrer Gebieterin,
verabredet.

Kurz, die gen. königliche Dame und ihre vornehmsten Anhänger
fassten grosses Zutrauen zu dem gen. Gifford, sowohl auf die Versicherung hin, die ihnen von Frankreich aus durch den Herrn von
Glasgow, Morgan[23]) und andere gegeben worden war, als auch, weil
er ihnen einen Weg geöffnet hatte, der ihnen seit langer Zeit versperrt gewesen war; und daher kam der Sturz der gen. Dame. Der gen. Gifford
sprach die gen. Dame nicht und hatte keinen Verkehr noch Zutritt
in ihre Wohnung, welche durch den gen. Poulet, der 50 Soldaten hatte,
die Tag und Nacht Wache hielten, zu gut gehütet wurde, und wenn
er dort eingetreten wäre, so würde man zu leicht die Intrigue auf-
gedeckt haben, da sie ja nicht ohne Wissen des gen. Poulet in's Werk
gesetzt werden konnte.[24])

16. Januar einen Brief Morgan's (s. A. 23) hatte einhändigen lassen, übergab das
von Maria erhaltene Packet für Chateauneuf (u. Morgan) am 5. Februar an Poulet,
der das ganze an Walsingham sandte (s. Morris S. 152, Poulet an Walsingham
6. Februar 1586).

22) Vgl. über diese — eine Enkelin der Gräfin Shrewsbury — Maria's
Aeusserungen bei Laban. V S. 370 f., VI S. 344, 368 f., 424 f., 428.

23) Vgl. den Brief Morgan's an Maria vom 15. Oktober 1585 (n. St.) gedr.
bei Morris, S. 112 f., den Maria erst am 16. Januar 1586 erhielt (s. A. 21) und
am 17. Januar beantwortete (s. Laban. VI S. 253 f.). Sie legte drei Briefe (an
den Herzog Heinrich von Guise, an den Erzbischof Beaton und an ihren Kanzler
Du Ruisseau) bei, welche bei Labanoff vermisst werden.

24) Gifford hüllte seine Persönlichkeit in ein mysteriöses Dunkel. Er ver-

Gifford wandte sich an den, welcher das Bier für den Bedarf der Königin lieferte, das nach einer englischen Sitte allwöchentlich (ins Haus) gebracht wird. Er hatte sich ein kleines Etui aus ausgehöhltem Holz machen lassen, legte seine Packete in das erw. gut verschlossene Etui und warf sie in ein Bierfass. Der Kellermeister (Didier Siflard) zog es heraus und überbrachte es Nau, der bei der nächsten Ankunft des Fuhrmanns das Fass mit der Antwort zurückgab. Der gen. Bierlieferant [25]) wohnte nur eine (frz.) Meile von dem Ort, von wo man die erw. Briefe abholte.

stand es einzurichten, dass er in Maria's Briefen niemals mit seinem wahren Namen genannt wurde, sondern meist nur als „this bringer, ce porteur, gentilhomme" etc. bezeichnet ist (s. Laban. VI S. 254, 258, 262, 342); hie und da ist er unter dem Namen Pietro (s. Laban. VI S. 326, 355 f., 421 f.), welcher eigentlich Thomas Barnes zukam (s. Gifford's Brief an Philipps bei Morris S. 381: Pietro Mariani) oder der Chiffre ff (s. Tytler VIII S. 311 A. 1, vgl. S. 449 A. 1) verborgen. Poulet nennt ihn in seinen Briefen an Walsingham immer nur „your friend", s. Morris S. 152 f., 154, 193, 196 f. Philipps dagegen „the secret party" oder „my secret friend", s. Morris S. 155 f. Ueber den Namen „Emilio" (Russo) vgl. Morris S. 226, 243, 380 f. Bei Chateauneuf führte Gifford das Pseudonym „Nicolas Cornelius", vgl. Morris S. 193 A. 2, S. 225 A. 2. Barnaby ist der Substitut, ein Mann des Grafen v. Leicester (s. Morris S. 154), der Gifford in dessen Abwesenheit zu vertreten hatte (s. dessen Briefwechsel mit Curle bei Morris S. 376 f. Poulet verkehrte mit ihm durch Vermittlung Richard Bagot's, der ihn ausfündig gemacht hatte, s. Poulet an Walsingham 3. August bei Morris S. 248). So kam es, dass Gifford's Name weder im Prozess Babington's und seiner Complicen (s. Cobbett, State Trials I S. 1127 f., vgl. dagegen Philipps' Abschrift der Confession von Savage bei Hosack II S. 383 u. S. 384 A.), noch im Prozesse Maria's (s. State Trials I S. 1168 f.) verlautete. Es ist beherzigenswerth, dass auch die Namen Poley's und Blunt's in einer mit Cecil's Vermerk versehenen und von Gilbert Curle am 2. September 1586 attestirten Copie eines Briefes von Maria an Charles Paget vom 20. Mai 1586 absichtlich beseitigt wurden (vgl. Laban. VI S. 320 u. S. 322 A., Lord Hardwicke, State Papers I. London 1778. S. 218 f.), während Morgan's, Paget's, Bullard's und Babington's Namen in Philipps Dechiffrirungen stets voll ausgeschrieben sind, obwohl feststeht, dass Maria und ihre Schreiber wegen Gefahr der Entdeckung in den chiffrirten Depeschen sich vielmehr gewisser Zeichen für dieselben bedienten, s. m. W. Der Rücklass der M. St. S. 97 A. 8.

25) Der Name dieses Brauers, der in Lord Paget's Haus in Burton (10 e. M. von Chartley) wohnte (s. Morris S. 33, 190, 191, 196), ist uns nicht überliefert, da er von Poulet immer nur als „the honest man" (ein Ausdruck, der nach Morris S. 44 soviel wie „a trustworthy agent", d. i. ein zuverlässiger Unterhändler bedeutet) bezeichnet wird, s. Morris S. 153, 155, 190, 191, 193 f. etc. Näheres über das Schicksal der Packete erfahren wir aus Poulet's Brief an Walsingham vom 29. Juni (bei Morris S. 211 f.). Diesem zufolge überlieferte der Brauer die Packete alsbald Poulet, der das Bündel öffnete, sich von dessen Inhalt überzeugte und es dann an den Brauer zurückgab („to the end the honest man should not think

Nun, alles dies geschah mit Wissen des Herrn von Walsingham und Poulet's, der alle Briefe und Antworten sah und sie dann mit ähnlichen Siegeln wieder verschloss.[26]) Als der gen. Gifford mit diesen Packeten am erw. 1. März angelangt war, übergab er sie dem Gesandten, erzählte ihm das ganze Verfahren, das er eingeschlagen hatte, sagte ihm, dass zwischen London und Chartley, die ungefähr 40 (frz.) Meilen (= 24 d. M.) von einander entfernt sind, zwei Häuser katholischer Edelleute, seiner Freunde,[27]) seien;

that I had intelligence with the substitute"). Dieser händigte es nach dem mit Curle getroffenen Uebereinkommen am festgesetzten Tage dem Substituten (s. A. 24) aus. Dass freilich der Substitut die von ihm empfangenen Packete sofort an Poulet rückerstattete, der sie mit Curier an Walsingham sandte („and so being returned unto me by the substitute I send it unto you"), wusste der Bräuer wieder nicht, der hiedurch controllirt werden sollte, vgl. noch Morris S. 216 f. Gifford an Philipps 7. Juli.

Neben dem Substitut erscheint noch ein „second messenger" = Thomas Barnes, ein Vetter Gilbert Gifford's, der am 10. Juni 1586 sich Maria ohne Nennung seines Namens zur Dienstleistung empfahl. Maria beantwortete seinen am 13. Juni erhaltenen anonymen Brief (gedr. bei Morris S. 375 f.) mit einem Schreiben vom 19. Juni, das Curle's Brief an Barnaby (s. A. 24) vom gl. Datum (= 29. Juni n. St.) beigelegt wurde (beide gedruckt bei Morris S. 376 f. Sie verlangt seinen Namen zu wissen und sendet ihm auf seine Bitte ein Alphabet; vgl. noch ihren Brief an Morgan vom 2. Juli bei Laban. VI S. 355, Curle an Barnaby, 22. Juli n. St. bei Morris S. 379). Poulet betrachtete Barnes, der in Lichfield auf Antwort wartete, mit Argwohn (s. Morris S. 213 f.) und sandte daher das für ihn bestimmte Packet direkt an Walsingham (s. Poulet an Walsingham 21. Juni, Morris S. 210). Erst am 27. Juni erhielt er es durch Philipps zurück (s. Morris S. 212), nahm hierauf den Brief für Barnes heraus und übergab ihn dem Bräuer, der ihn, da Barnes längst wieder abgereist war, Gifford bei dessen Anwesenheit in Chartley aushändigte (s. Morris S. 217 u. 220). — Barnes, der die Briefe von und an Chateauneuf zu besorgen hatte (s. Savage's Confession bei Morris S. 389 f.), war der einzige ehrliche dieser Sippe und mochte in dem guten Glauben leben, dass auch Gifford es redlich meine (s. Barnes' Brief an Walsingham 17. März 1587 bei Morris S. 379 f.). Aber Gifford gebrauchte ihn nur als „a colour for Emilio", s. Morris S. 380 f., vgl. über letzteren A. 24.

26) Die Briefe wurden von Thomas Philipps erbrochen, mittels des aus Maria's Depesche an Chateauneuf vom 31 Januar (s. A. 21) entnommenen Chiffrealphabets entziffert und abgeschrieben (s. A. 18 u. E.), dann die Siegel durch Arthur Gregory täuschend verschlossen, s. Camden, Annales I S. 408. War dies geschehen, so wurden sie durch einen verkleideten Boten an ihre Adresse befördert.

27) Ueber die Verwandten Gilbert Gifford's gibt der A. 23 erw. Brief Morgan's an Maria Aufschluss. Laut dessen war sein Vater John Gifford ein wohlhabender Mann aus Staffordshire, der als Recusant lange im Tower sass. Auch sein Onkel Robert, der nahe bei Chartley wohnte (s. A. 19), war ebenso wie seine Vettern Francis und Thomas Throckworton des Katholicismus verdächtig; vgl. noch den Brief Poulet's an Walsingham vom 16. Okt. 1585 bei Morris S. 103.

dass der näher an Chartley wohnende allwöchentlich die Briefe bei dem Bierbrauer abholen lassen und dann sie dem anderen Edelmann, der näher an London sei, übersenden werde; dieser werde sie nach London in die Wohnung des gen. Herrn Gesandten liefern durch einen seiner Leute, der bald als Schlosser, bald als Portier, bald als Schreiner, bald als Fuhrmann und so in mancher Art verkleidet sei. Dieser werde bei seiner Ankunft nach dem Sekretär Cordaillot fragen und ihm das gen. Packet einhändigen und nach Verlauf von 24 Stunden zurückkehren, um die Antwort und ebenso die Packete zu holen, welche aus Frankreich oder von den anderen geheimen Anhängern der gen. Königin in London angekommen sein würden. Er fügte bei, dass die gen. beiden Edelleute nicht wüssten, woher die erw. Packete kämen, wie auch der gen. Bote nichts davon wisse. Daher genüge es, um ihm nicht verstehen geben zu müssen, dass dies von der Schottenkönigin komme, ihm jedesmal einen Angelot (= normännische Goldmünze mit dem Bilde des Erzengel Michael, 10 sh. werth) zu geben, um ihn zu ermuntern, es gut auszurichten.

Der Gesandte erwiderte ihm, er habe ausdrücklichen Auftrag von seinem Herrn — wie er ihn auch wirklich hatte — dem Herrn von Glasgow alle die vertrauten Briefe, welche seine Gebieterin ihm schreiben würde, und ihr die Antworten zuzustellen; es sei dies eine Sache, die er gerne wegen des Mitleids, welches er mit ihrem Elend fühle, besorgen werde, aber er ermahnte ihn, sich klug zu benehmen und die gen. Fürstin und viele katholische Lords, die in diesem Königreich seien, nicht ins Unglück zu stürzen, denn sie wären ohne Zweifel verloren, wenn der (geheime) Conseil von England erführe, dass sie eine Correspondenz mit der gen. Dame Königin von Schottland unterhielten. Der erw. Gifford versicherte ihn hoch und theuer seiner Redlichkeit und seiner Wachsamkeit, so dass verabredet wurde, dass, wenn in Zukunft der gen. Bote seine Briefe dem gen. Sekretär Cordaillot überbringen würde, dieser sie nach Frankreich an den gen. Herrn von Glasgow und die Antworten des gen. Glasgow an die Königin bestellen solle, wie er auch zu London die Briefe, welche die Königin dorthin an ihre geheimen Anhänger schreiben würde, nach ihren Adressen übergeben und die Antworten darauf senden werde. Und um zu beginnen, händigte der gen. Gesandte, gehorsam dem, was ihm die Königin geschrieben hatte,[28] dem gen. Gifford alle jene alten Packete ein, welche ihm der Herr von Mauvissière hinterlassen hatte. Da sie, wie der erw. Gifford sagte, zu

---

28) S. Maria's Brief an Chateauneuf vom 31. Jan. 1586 a. E., Laban. VI S. 258.

dick waren, wurden sie durch ihn und Cordaillot geöffnet und in kleinere
Bündel zusammengelegt, um sie leichter und auf mehreremale, wie der
gen. Gifford sagte, zustellen zu können.[29]) Dieser beschloss, nachdem
er die erw. Packete abgeschickt hatte, nach Frankreich zurückzukehren,
um mündlich mit den Anhängern der Königin sich zu besprechen und
ihnen zu melden, was er diesseits bewerkstelligt hatte.

Nun, was er bewerkstelligt hatte, war, dass er, angestiftet durch
die vom (geheimen) Conseil, mit Morgan, Paget und anderen, welche
zu Paris waren und gewöhnlich mit Bernardino de Mendoza, dem spanischen Gesandten, verkehrten, vereinbart hatte,[30]) herüberzufahren,
etliche englische katholische Edelleute auszuspüren, welche es unter-
nähmen, die Schottenkönigin zu befreien. Um diesen Zweck zu er-
reichen, war es nöthig, einen Hafen am Meer in Händen zu haben, um
Schiffe aus Flandern kommen zu lassen, um sie (M. St.) fortzubringen:
man brauchte auch einige Edelleute im Lande, die 100 oder 120 Pferde
(Reiter) zugleich stellen konnten, um sie zu entführen und zu geleiten; und
bedurfte anderer, die in derselben Zeit die Königin von England tödteten,
und anderer, welche sich des Towers bemächtigten. Wenn die Königin
von England todt sei, glaubten sie, würde der ganze Adel, da die
Schottenkönigin die legitime Erbin war, ihre Partei ergreifen und dann
es gar nicht nöthig sein, das Land zu verlassen. Auch wenn man (die
englische Königin) nicht tödten konnte, musste man daran denken (die
Schottenkönigin) zu retten und auf jeden Fall musste man sie aus den
Händen ihres Hüters entführen, da sie wohl wussten, dass, wenn man
die Königin von England getödtet hätte, auch Herr Poulet die Schottenkönigin hätte tödten lassen,[31]) wenn sie noch in seiner Gewalt gewesen

---

29) S. Maria's Brief an Chateauneuf vom 24. März (bei Laban. VI S. 261 f.),
worin sie bescheinigt, dass sie das Schreiben Chateauneuf's vom 6. März mit fünf
anderen theils chiffrirten Briefen, theils Packeten am 23. März erhalten habe;
vgl. noch Laban. VI S. 342.

30) Ueber diese Abmachungen zu Paris 26. April/6. Mai vgl. Mendoza's
Brief an Don Juan de Idiaquez, Paris 12. Mai 1586 (n. St.) bei Teulet, Relations V
S. 348 f. u. S. 371 f., vgl. State Trials I S. 1132, 1137, 1141, 1144, 1213, 1221.

31) vgl. Poulet's Worte in einem Brief an Walsingham vom 5. Juli 1585:
„I will never ask pardon if she (Maria) depart out of my hands by any treach-
erous slight or cunning device, because I must confess that the same cannot come
to pass without some gross negligence, or rather traitorous carelessness: and if
I shall be assaulted with force at home or abroad, as I will not be beholden to
traitors for my life, whereof I make little account in respect of my allegiance
to the Queen my sovereign, so I will be assured by the grace of God that
she shall die before me, so as I doubt not to perform this first point, and,

— 14 —

wäre. Das waren die Pläne des gen. Gifford, die zu Paris entworfen
wurden durch Leute, welche in der Welt unerfahren waren und sich
in die Vorschläge des gen. Gifford einliessen, eines Werkzeugs des englischen (geheimen) Conseils, der nichts anderes begehrte, als die Königin
von Schottland noch in eine Verschwörung gegen das Leben der Königin
von England zu verwickeln; denn, wenn diese entdeckt wurde, so
konnten sie die gen. Königin von England dahin bringen, sie hin-
richten zu lassen, was sie bisher noch nicht durchzusetzen vermocht
hatten.[31])

Der spanische Gesandte, zum Theil durch sein persönliches Interesse veranlasst, da er 2 Jahre vorher aus England vertrieben worden
war,[33]) verlangte nichts sehnlicher, als Leute zu finden, welche der
Königin von England, die zu derselben Zeit die Protektion der Nieder-
lande gegen den König von Spanien, ihren rechtmässigen Fürsten,
übernommen[34]) und einen Kapitain Drake nach Indien (= Amerika)

---

as I may say, the substance of my charge (!), to the full discharge of my duty".
s. Morris S. 49, vgl. Laban. VI, S. 176 A. Aehnlich äusserte schon früher Somers:
Her majesty (Elizabeth) may be assured that if any danger had been offered (bei
den Ausritten Maria's in der Umgebung von Tutbury), or doubt suspected, this
queen's body should first have tasted of the gall, s. Chalmers II
S. 142 A. g.

32) Die Hoffnung, Maria in die Anklage gegen Dr. William Parry verwickeln zu können, war gescheitert, s. Parry's Aeusserung über Maria bei Hosack II
S. 300 f. (bei Cobbett, State Trials I S. 1104 f. ist sie unterdrückt) und Maria's
eigene Worte bei Laban. VI S. 108 f., 139, 146 f., vgl. noch State Trials I S. 1184
und 1186.

33) Am 18. Januar 1584 wurde Mendoza, der seit d. J. 1578 als Gesandter
für Spanien in London geweilt hatte, vor Elisabeth's Geheimen Rath gerufen, wo
er im Namen der Königin wegen angeblicher Betheiligung an den Conspirationen
der englischen Katholiken die Weisung erhielt, England vor Ablauf von 14 Tagen
zu verlassen, welcher Aufforderung er am 29. Januar nachkam. Er ging nach
Paris, wo er Oktober des gen. Jahres den Posten eines Gesandten am französischen Hofe an Juan Batista de Tassis' Stelle übernahm. Der diplomatische
Verkehr mit England wurde vollständig abgebrochen, s. Teulet, Relations V
S. 327 A. 1 u. S. 339 A. 1.

34) Elisabeth sandte gegen Ende des Jahres 1585 Robert Dudley, Gr. v.
Leicester mit 5000 Mann nach dem aufständischen Holland, wo er Anfang Dezember
anlangte, sich zum Statthalter ernennen liess, aber nichts ausrichtete, wesshalb
Elisabeth ihn Spätherbst 1586 wieder abrief. — Francis Drake (und Christof
Carlisle) segelte am 14. Septbr. 1585 mit einer Flotte von 21 Schiffen (2300 Mann)
nach Westindien, plünderte auf der Hinreise die Stadt Vigo in Gallizien (nach
Camden: San Jago auf der gleichnamigen Insel am grünen Vorgebirg), ferner die
Städte San Domingo auf Hispaniola u. Carthagena in Neu-Granada, verbrannte

gesandt hatte, um ihn von jener Seite zu bekriegen, Verlegenheiten bereiten konnten. Dabei unterliess der gen. Mendoza nicht, sowohl dem gen. Gifford und denen, welche zu Paris waren, als auch den anderen, die in England waren, mit Zusicherungen einer Flottenarmee und aller Mittel seines Herrn allerhand glänzende Versprechungen zu machen, um sie dazu anzueifern. Nun, der gen. Gifford, der gewöhnlich das Ganze Walsingham durch Vermittlung von Philipps, dessen Agenten, mittheilte,[35]) machte zu London einen gewissen Anthony Babington, einen jungen Edelmann, ausfindig, der ein strenger Katholik war, und, da er als Page beim Gr. v. Shrewsbury, zur Zeit als die gen. Dame dort gefangen sass, aufgewachsen war, Zuneigung zu ihr gefasst hatte; er war noch sehr jung, ohne Bart und sehr gutmüthig. Jener liess sich zu dieser Unternehmung herbei und zog einen seiner Freunde, einen Irländer Namens (Robert) Barnewell, (Chidiock) Titchburne, (Thomas) Salisbury, (John) Savage u. a. in's Geheimnis.[36])

Die Hauptsache war, den gen. Babington, einen Katholiken, und die übrigen zu überzeugen, dass sie jenes Unternehmen gegen die Königin Elisabeth ausführen könnten, ohne ihr Gewissen zu schädigen. Daher kehrte der gen. Gifford nach Frankreich zurück und liess, nachdem er dort mit denen, die ihn gesandt hatten, sich besprochen hatte, einen englischen Priester, Namens Ballard, nach England reisen, der früher dem Walsingham als Spion gegen die Katholiken gedient, später aber, seinen Fehler erkennend, sich, wie man sagte, von dem Umgang mit ihm ganz und gar losgerissen hatte. Der gen. Ballard war wegen seiner Gelehrsamkeit bei den Katholiken sehr geachtet, von denen die Mehrzahl nicht wusste, mit welchen Geschäften er sich früher befasst hatte. Er kam nach London[37]) und wenige Tage darauf in die Wohnung

S. Anton u. S. Helena auf Florida und kehrte mit einer Beute von 60000 £ und 240 ehernen und eisernen Kanonen nach England zurück, s. Camden, Annalen I S. 385 f.

35) S. den A. 17 citirten Brief Gifford's an Walsingham; Philipps an Walsingham 17. Juli bei Morris S. 225 f. etc.

36) Vgl. den State Trials I S. 1127 f. und S. 1141 f. gedr. Prozess gegen Babington und dessen Complicen.

37) Laut State Trials I S. 1137 fuhr Ballard Fasten des Jahres 1586 von England nach Frankreich über, traf dort mit Edward Gratley, einem Spion Walsingham's (s. Morris S. 189 A. 2, 219 A. 1, 223, 278, 381, 385, 388, 389, State Trials I S. 1261), zusammen, der ihn zu Charles Paget brachte. Um Pfingsten kehrte er wieder nach England zurück, um Babington für den Plan einer Invasion und Insurrektion zu gewinnen (s. u. Babington's Worte in seinem ersten Brief an Maria). — Da Ostern im Jahre 1586 nach dem alten Stil, der in England bis

des französischen Gesandten mit einem anderen (Savage?), um zu erfahren, ob nicht Briefe aus Frankreich für ihn da seien, die an ihn unter einem fingirten Namen adressirt waren, und dort grüsste er den Gesandten in dessen Korridor, ohne in irgend ein Gespräch einzugehen und ohne sich ihm oder dessen Sekretär anders, denn als Katholik, zu erkennen zu geben. Wie sie in der That beschlossen, ihr Unternehmen dem gen. Herrn Gesandten nicht mitzutheilen, wie es aus dem Briefe der Schottenkönigin an Babington vom 27. Juli (n. St.) erhellt, in welchem sie ihn bittet, ihm (dem frz. Gesandten) nichts davon zu entdecken;[38]) und in der That alle Briefe der gen. Dame an Babington und dessen Complicen und deren Antworten passirten gar nicht durch die Hand des Gesandten. Nur diejenigen kamen, welche nach Frankreich an den Herrn von Glasgow gingen, und dessen Antworten an die Königin.[39]) Wohl langten Briefe aus Frankreich für Cornelius, Babington,

---

1752 üblich war, auf den 3. April fiel, so begannen die Fasten mit dem 16. Februar, Pfingsten traf auf den 22. Mai. — Ballard machte Babington in den ersten Tagen des Juni mit Savage bekannt, der bereits seit Jahresfrist, als er noch auf dem Continent war, den Plan Elisabeth zu ermorden gefasst hatte (vgl. sein Geständnis State Trials I S. 1130 f., Hosack II S. 383 f.). Dann reiste er, von Maude (einem anderen englischen Spion, der später Ballard denunzirte) begleitet, nach Schottland, um die Maria befreundeten Lords zum Beitritt zu bewegen. Bald nach der Rückkehr aus dem Norden wurde er verrathen (vgl. Babington's 2. Brief an Maria vom 3/13. August) und Donnerstag 4/14. August verhaftet. Man folterte ihn auf's härteste, so dass er in die Gerichtsverhandlung getragen und auf einen Stuhl gesetzt werden musste (s. Tytler VIII S. 346 A. 2). Ueber seine Aussage daselbst berichten die State Trials I S. 1138 nur: Ballard spake something, but not to any effect(!). Morgan hielt es für besser, Maria über Ballard's Pläne nichts mitzutheilen und er warnte die Schottenkönigin dringend, sich ja mit diesem Abenteurer nicht einzulassen, vgl. seinen Brief an Maria vom 24. Juni/4. Juli bei Tytler VIII S. 306.

38) Maria gibt in dem erw. Briefe (s. u. Brief III) als Grund an, sie fürchte, dass Chateauneuf's Gebieter (Heinrich III.) sich mit der Königin Elisabeth in gutes Einvernehmen setzen und die Absichten der Verschworenen (bez. einer Invasion Englands durch spanische Truppen), wenn er davon Kunde erhielte, durchkreuzen könnte.

39) Da eine genaue Kenntnis der Briefe Maria's für die richtige Beurtheilung ihres Charakters von Wichtigkeit ist, so mag hier ein Verzeichnis der gesammten Correspondenz, welche Maria in jener kritischen Zeit mit ihren Freunden (Babington ausgenommen) unterhielt, folgen.

1. Dem Briefe Maria's an Chateauneuf vom 31. Mai (gedr. bei Laban. VI S. 341 f.) war ein Packet für Morgan beigelegt (s. ibid. S. 344), welches folgende Schreiben enthielt (s. ibid. S. 329):

1) Brief Maria's an Thomas Morgan vom 20. Mai (gedr. ibid. S. 325 f.).

Ballard und andere Katholiken an, welche der gen. Sekretär Cordaillot ihnen zustellen liess oder selbst überbrachte. Und unter anderem, als eines Tages der gen. Sekretär Babington aufsuchte, um ihm Briefe zu überbringen, fand er ihn in seinem Logis in Gesellschaft von 4 oder 5 jungen Männern und es schien ihm ganz, als ob sie wegen irgend einer wichtigen Sache versammelt seien;[40]) wovon er sofort dem gen. Herrn Gesandten Mittheilung machte.

2) Brief Maria's an Charles Paget vom 20. Mai, gedr. ibid. S. 313 f.
3) do. Bischof v. Ross vom 18. Mai, gedr. ibid. S. 306 f.
4) do. Dr. Allen vom 20. Mai, fehlt bei Labanoff, vgl. State Trials I S. 1227. St. P. O. Mary Q. of Scots vol. XVII, N. 74.
5) do. Mendoza vom 20. Mai, gedr. bei Laban. VI S. 309 f.
6) do. Sir Francis Englefield vom 20. Mai, gedr. b. Laban. VI S. 323 f.
7) do. Liggons vom 18. Mai, gedr. bei Laban. VI S. 303 f.
8) do. Erzb. v. Glasgow vom 18. Mai, gedr. bei Laban. VI S. 295 f.
9) do. Mr. Fulgeam vom 29. Mai n. St, gedr. bei Laban. VI S. 330 f.
   Darin eingeschlossen ein
   do. Pater Parsons vom 29. Mai n. St., gedr. bei Laban. VI S. 334 f.
   do. Pater Holt vom 30. Mai n. St., gedr. bei Laban. VI S. 337 f.
10) ein kleines Packet an Du Ruisseau.

II. Dem Brief Maria's an Chateauneuf vom 18. Juli n. St. (gedr. Laban. VI S. 368 f.) lag ein weiteres Packet für Morgan bei (vgl. ibid. S. 371):
1) Brief Maria's an Morgan vom 2. Juli, gedr. ibid. S. 354 f.
2) do. Charles Paget vom 2. Juli, gedr. ibid. S. 358 f.
3) do. Mendoza vom 2. Juli, gedr. ibid. S. 352 f.
4) do. Erzb. v. Glasgow vom 12. Juli n. St., gedr. ibid. S. 363 f.
   In diesem waren eingeschlossen (s. ibid. S. 365):
   do. Kardinal von Laurea vom 30. Juni, gedr. ibid. S. 347 f.
   do. Dr. Lewes, fehlt bei Labanoff, vgl. State Trials I S. 1228.
   do. Pater La Rue vom 30. Juni, gedr. ibid. S. 349 f.

Das Packet für Courcelles enthielt einen Brief Maria's an Claude Hamilton (ibid. S. 371 f.); vgl. Philipps an Wals. 14. Juli bei Morris S. 223 f. und 19. Juli ibid. S. 235, St. P. O. Mary Q. of Scots, vol. XV N. 101 u. 102 vol. XVIII N. 60 u. 64.

III. Dem Briefe Maria's an Chateauneuf vom 17. Juli (gedr. bei Laban. VI S. 428 f.) lag ein weiteres Packet für Morgan bei (s. ibid. S. 431 u. 426):
1) Brief Maria's an Morgan vom 17. Juli, gedr. ibid. S. 421 f.
2) do. Mendoza vom 17. Juli, mit Nachschrift vom 23. Juli, gedr. ibid. S. 432 f.
3) do. Sir Francis Englefield vom 17. Juli, gedr. ibid. S. 406 f.
4) do. Charles Paget vom 17. Juli, gedr. ibid. S. 400 f.
5) do. Erzb. v. Glasgow vom 17. Juli, gedr. ibid. S. 413 f.
6) do. ein kleiner für Fulgeam, fehlt bei Labanoff.

Hieraus ergibt sich, dass alle Briefe Maria's mit Ausnahme der beiden Schreiben an Babington (s. u.) an Chateauneuf adressirt waren.

40) Nach den State Trials I S. 1138 waren in einem Zimmer der Ver-

Der gen. Cornelius war gegen Ende März nach Frankreich über-
gefahren; er unternahm während dieses Sommers bis Ende Juli 2 oder
3 Reisen, ohne sich lange aufzuhalten und kam jedesmal in die Wohnung
des Gesandten, um zu erfahren, ob keine Packete für ihn da seien;
denn bei seinem Abgang von Paris band er sich nicht damit, sondern
er liess sie, um sein Spiel besser zu bemänteln, an den gen. Gesandten
adressiren.

So also begann die Unternehmung im März und es dauerte nur
bis Ende Juli, und das Ganze war entdeckt, da in Wahrheit diejenigen, welche sie eingefädelt hatten, sie, wann sie wollten, ent-
hüllten.[41])

Während der gen. Zeit wurde der Gesandte mehrmals benach-
richtigt, dass etwas zu Gunsten der Schottenkönigin gegen die Königin
von England im Gange sei. Andererseits erhielt er Kunde, dass alle
die Briefe, welche er an die Schottenkönigin schrieb, insgeheim gelesen
worden seien. Er hatte von Beginn dieses Handels an Verdacht gegen
alle diese Anstalten gefasst, da er den Charakter der Engländer zu
gut kannte, um nicht zu wissen, wie routinirt die Räthe der Königin
von England in solchen Intriguen seien, und insbesondere hatte er
hievon Proben und sichere Kenntnis seit der Zeit, wo er in England
war, erhalten. Wirklich hatte er zu Anfang dieser Unterhandlung
des Gifford ein Packet der Schottenkönigin an den Herrn von Glasgow
und eines des gen. Glasgow an die Königin geöffnet, um zu sehen,
worum es sich handle, aber da er das Ganze in Chiffre geschrieben fand,
konnte er nichts darüber erfahren und gewiss, wenn es der Schottenkönigin gefallen hätte, sich ihm zu entdecken, so würde sie seines
Erachtens nicht in das Unglück gestürzt sein, das sie zu Fall brachte.

schworenen Babington's, Titchburne's und Savage's Porträte aufgehängt, das erstere
mit der Unterschrift: Hi mihi sunt comites, quos ipsa pericula jungunt, die später
verändert wurde in: Quorsum haec alio properantibus. Beharrlich leugnete
Babington, für seine Person mehr als die Befreiung Maria's angestrebt zu haben
(vgl. u. Babington's 1. Brief an Maria vom 17/27. Juli). Ballard gab desgleichen
nur die Absicht, Maria zu befreien und die neue Lehre zu beseitigen, zu (s. State
Trials I S. 1135). Savage erklärte durch Dr. William Gifford in Rheims (Onkel
Gilbert Giffords) zum Attentat auf das Leben Elisabeth's angestiftet worden zu
sein; dass auch Dr. William Allen den Plan billige, erfuhr Savage erst nach
seiner Ankunft in England durch — Gilbert Gifford (!), s. Hosack II S. 383 (alle
auf Gilbert Gifford bezüglichen Stellen der Confession von Savage sind in den
State Trials I S. 1130 f. unterdrückt).
41) Schon am 7. Juli schrieb Philipps an Walsingham, er möge die nöthigen
Befehle zur eventuellen Verhaftung Ballard's und Babington's ausfertigen lassen,
s. Laban. VII S. 192 f.; vgl. Morris S. 235 f. (Brief vom 19. Juli).

Er warnte öfters den gen. Cordaillot, nichts in den Briefen,
welche er an Nau oder an andere Diener der Königin schrieb, zu
schreiben, was irgend jemand Schaden bringen oder tadelnswerth befunden
werden konnte, und in den Briefen, die er (selbst) an die Königin in
Chiffre und insgeheim schrieb, wollte er nie etwas schreiben, was an-
stössig sein konnte, oder worüber sich die Engländer hätten beschweren
können, wie sie es nach der Verhaftung der Schottenkönigin gewiss zu
thun nicht unterlassen hätten, da sie alle Briefe des gen. Gesandten an
die Königin in ihren Händen hatten, welche die gen. Dame alle auf-
bewahrt hatte und die unter ihren Papieren gefunden wurden[42]) und
noch in den Händen der englischen Königin sind. Denn er fürchtete

---

42) Bei der Beschlagnahme der Papiere Maria's (Nau's, Curle's und Pasquier's) zu Chartley am 17. u. 18. August 1586. Der schlaue Plan, welchen Poulet
ausgedacht hatte, um dieselbe ungestört in's Werk setzen zu können, war Elisabeth lange vorher bis in's Einzelne bekannt, s. das von Waad am 2. August
Abends an Poulet überreichte Memorial und Poulet's Antwort darauf (eingeschlossen
in einen Brief Poulet's an Walsingham vom 3. August) bei Morris S. 249 f., die
Instruktionen für A(mias) P(oulet) datirt 9. August ibid. S. 253 f. Brief der K. Elisabeth an Poulet ibid. S. 255 f. Vgl. noch zwei Briefe des Nikasius Yetsweirt
(Pseudonym?) an Walsingham von Windsor 19. August ibid. S. 259 f. und
21. August ibid. S. 261 f. (In dem ersteren dieser auf Elisabeth's Befehl geschriebenen Briefe steht folgender denkwürdige Passus: Further, her Majesty
would have you in your letters to require Sir Amias Poulet to write unto her
the whole story of those things done in this matter to the Queen of Scots
and to hers — Nau etc. —, not for any other cause but that her Majesty
might take pleasure in the reading thereof! ibid. S. 260; in dem
zweiten ibid. S. 262: her Highness . . . would have you to provide yet better
herein and specially that the said caskets might be brought under sure conduct
and by sure persons before, for her Highness esteemed more of the
caskets and of the things contained in them than of Nau and Curle,
for in comparison, little she esteemeth them in respect of the caskets), ferner
D'Esneval's Bericht an Courcelles datirt 7. Okt. bei Morris S. 263 f. und „A note
of such things as were taken away which were the Queen of Scots" ibid. S. 265 f.
Ein zweiter Brief der Elisabeth an Poulet ibid. S. 267 f. (auch State Trials I
S. 1206 f.), Poulet's Briefe an Walsingham von Tixall aus, 22. August, ibid.
S. 268 f. und 24. August, ibid. S. 270 f., Walsingham an Poulet, 25. August,
ibid. S. 271 f, Poulet an Walsingham, Chartley 27. August (über Maria's Verhalten
bei der Rückkehr nach Chartley am 25. August), Maria's Brief an den Herzog
von Guise bei Laban. VI S. 438 f. Bourgoing's Journal bei Chantelauze a. a. O.
S. 465 f. beginnt bekanntlich mit der Erzählung von der Hirschjagd zu Tixall, welche
Dienstag 16. August (a. St.) stattfand, und handelt über den ganzen Vorgang am
ausführlichsten. Den gleichen Befehl zur Beschlagnahme der Papiere Maria's
hatte Elisabeth am 16. Januar 1580 an Lord Shrewsbury, Sir Henry Nevill und
Sir William Pelham erlassen, s. Sadler State Papers II S. 355; vgl. noch Laban. IV
S. 215 (30. August 1574).

immer, dass das Ganze nur eine Intrigue und eine List der Lords vom (geheimen) Conseil von England und insbesondere des Sekretärs Walsingham sei. Und was ihn (hierin) am meisten bestärkte, war, dass ungefähr im Monat April im gen. Jahr 1586, als er in einer Audienz bei der Königin war und mit ihr von den Angelegenheiten der Schottenkönigin redete und sie mit etwas drängte, was der gen. Dame nicht genehm war, sie zu ihm sagte: „Herr Gesandter, Sie haben intimen und geheimen Verkehr mit der Schottenkönigin, aber glauben Sie es, ich weiss alles, was in meinem Königreich vorgeht. Und da ich selbst Gefangene zu Zeiten der Königin meiner Schwester (Maria Tudor) war,[43] weiss ich, welcher Künste sich die Gefangenen bedienen, um die Diener zu bestechen und geheime Correspondenz zu pflegen." Dieses Gespräch, das von der Königin selbst mit ihm geführt wurde, machte ihn noch argwöhnischer, als vorher.

So vergingen nun die Monate März, April, Mai, Juni und Juli bis gegen Ende (des Juli). Der gen. Gifford ging oft nach Frankreich hin und her und auch die Schottenkönigin schickte oft jenen verkleideten Boten[44] in die Wohnung des Gesandten, um ihm Briefe zu bringen und ihr, was aus Frankreich kam, zurückzutragen.

Ungefähr am 30. Juli (n. St.) kam der gen. Gifford zum Gesandten, redete mit seinem Sekretär, sagte zu ihm, er wünsche einen Mann eilig nach Frankreich zu befördern und bat ihn, ihm dazu die Möglichkeit zu geben und zwar, wie er sagte, „weil die Briefe, welche wir von jenseits (des Kanals) schreiben, zu lange brauchen, um anzukommen und darauf Antwort zu erhalten". Damals liess der Gesandte einen der Seinigen, mit Namen Dujardin, an den König abgehen, der aus Schottland zurückkam, wohin ihn der gen. Herr Gesandte im Dienste des Königs geschickt hatte; und da sich diese Gelegenheit bot, sagte ihm der Sekretär, dass ihr Mann als Diener des gen. Dujardin passiren könne, indem er dessen Koffer trage, und dies wurde unter ihnen so vereinbart. Sie wurden von dem Tag der Abreise in Kenntnis gesetzt, welches der folgende Tag (= 31. Juli)[45] war, Abends zur Zeit der

---

43) Wegen ihrer angeblichen Betheiligung am Aufstande des Thomas Wyat, s. State Trials I S. 863. Am 19. Mai 1554 wurde Elisabeth nach kurzer Haft aus dem Tower entlassen.

44) S. Laban. VI S. 370 (ce „laquay"), Lingard VI S. 420 („a homely serving man in a blue coate").

45) Aus einer Depesche Chateauneuf's an den frz. Staatssekretär Brulart geht hervor, dass Du Jardin in der That London am 21/31. Juli verliess, s. Labanoff VI S. 292 A.

Fluth auf dem Wege nach Calais; es wurde ihm gesagt, dass der gen. Mann sich zu diesem Zweck bereit halten solle. Und mit dem gen. Gifford war Savage und ein Dritter, jener nämlich, der, wie sie sagten, nach Frankreich hinüber sollte (Ballard?). Des andern Tags (31. Juli) gegen Abend kehrte der gen. Gifford zurück und sagte, er habe sich eines andern besonnen und er werde selbst mit Dujardin nach Frankreich überfahren, und er war ganz reisefertig erschienen. Der gen. Sekretär benachrichtigte den Gesandten hievon, welcher daraus Verdacht schöpfte und den gen. Gifford in sein Cabinet führen liess, wo Herr Dujardin und Cordaillot waren.

Dort angekommen fragte er ihn um den Grund seiner Reise und sagte zu ihm, dass er wohl merke, dass irgend eine Unternehmung mit der Schottenkönigin im Werke sei, da er (Gifford) oft nach Frankreich hin und herreise, aber ihn bitte, Acht zu geben, dass er diese Fürstin nicht in's Unglück stürze, welche Feinde bei der Königin habe. Dass die jenseits des Meeres, da sie ausser Gefahr seien, sich nicht scheuten, die diesseitigen zu irgend einer gefährlichen Unternehmung zu verleiten, insbesondere Bernardino de Mendoza, der nur die Interessen seines Herrn fördern wolle, indem er die Karten den diesseitigen durcheinander mische, um die englische Königin zu ermüden; dass, wenn ihre Unternehmung mit wenig Leuten und von niederem Stande angezettelt sei, ihre Ausführung unmöglich sein werde; wenn sie dagegen dieselbe vielen mittheilten und namentlich den Grossen, welche sie . . . . . .

Hier bricht das Memoire plötzlich ab, sei es, dass es überhaupt keine Fortsetzung fand, sei es, dass dieselbe verloren gegangen ist, s. Laban. VI S. 293 A.[46]) Gehen wir nun, nachdem wir die Fäden

---

46) Ich reihe hier kurz an, was uns über das weitere Schicksal jener englischen Spione bekannt ist. Gifford entfloh nach Frankreich wenige Tage, nachdem Maria's zweiter Brief an Babington abgegangen war, aus Furcht (wie er in seinem von Paris aus an Philipps gesandten Entschuldigungsschreiben sagte), mit Maria confrontirt zu werden („the greatest cause of my going away was that I feared to be brought to witness some matters concerning the Scottish Queen face to face"), s. Morris S. 381, Hosack II S. 379; vgl. noch John Gifford's Brief an Philipps 14. Sept. bei Morris S. 390 und ibid. S. 284 A. 2. Uebrigens hatte er die Unverfrorenheit, sich Mendoza als Abgesandten der englischen Katholiken vorzustellen, und er brachte eine lange Botschaft vor, s. Mendoza's Depesche an Philipp II. vom 13. August (n. St.) bei Teulet, Relations V S. 372 f. und 381 f., vgl. Morris S. 146. Doch bald wurde er erkannt und wegen seiner verrätherischen Umtriebe in das bischöfliche Gefängnis zu Paris (als Cleriker) gesetzt. Cardinal

des Gewebes verfolgt haben, mit welchem Sir Francis Walsingham,
Cecil's würdiger Nachfolger im Amte, sein Opfer arglistig umspann, zur
genauen Durchsicht jenes Briefwechsels über, welcher durch Gifford dem
englischen Cabinet in die Hände gespielt wurde und der den Vorwand
zur Verurtheilung und Hinrichtung der Schottenkönigin liefern musste.
Bekanntlich sind es nur zwei Briefe,[47]) welche Maria an Anthony
Babington schreiben liess, und von diesen beiden ist es nur ein ein-
ziger (!), der (in kurzen Sätzen) dunkle Anspielungen auf die Absicht
der Verschworenen, Elisabeth aus dem Weg zu räumen, enthält. In
keinem weiteren Briefe Maria's an ihre Vertrauten: Morgan, die beiden
Paget, Englefield, Mendoza, die alle in das Geheimnis eingeweiht waren,
ist auch nur die leiseste Andeutung eines solchen Planes zu finden, trotz
der lebhaften Correspondenz, die Maria mit den genannten unterhielt
(s. A. 39), trotz der Offenheit, mit der sie sich darin über die in Aus-
sicht genommene Invasion der Spanier, die Insurgirung Englands,
Schottlands und Irlands und die zum Gelingen des Aufstandes und ihrer
eigenen Befreiung nöthigen Massregeln und Vorbereitungen ausspricht
(s. den Anhang). Schon dieser Umstand muss unseren Argwohn gegen
jene gravirenden Stellen des Briefes III rege machen, zumal diese in
Widerspruch mit dem übrigen Inhalt desselben stehen[48]) und nicht

---

Allen selbst forderte energisch seine Bestrafung, s. dessen Brief an Bischof B.
(Beaton?) aus Rom 12/22. Februar 1588, abgedr. in Dr. Alphons Bellesheim's
Werk: Wilhelm Cardinal Allen, Mainz 1885, S. 278, vgl. noch den Brief Sir Edward Stafford's an Walsingham, Paris 15/25. Dez. 1587 bei Morris S. 382 f.; Henry
Caesar an Walsingham, Paris 9/19. Dez. 1588, ibid. S. 385 f. In diesem Gefängnis
starb er im Jahre 1590, s. Morris S. 258 A. 3. Poley, dessen Verrath Babington
zu spät durchschaute (s. Babington's letzten Brief an seinen Freund Robyn, kurz
vor seiner Verhaftung, abgedr. bei Lingard VI S. 695 f.) wurde zum Scheine gefangen gesetzt, aber nach kurzer Haft freigelassen (s. Morris S. 386 f.). Gratley
war schon früher nach Deutschland gegangen (s. Hosack II S. 378); über sein
weiteres Schicksal s. Morris S. 385 (er wurde in Rom fünf Jahre lang gefangen
gehalten). Sir Christopher Blunt erlitt am 18. März 1601 den Tod durch Ent-
hauptung als Anhänger des Gr. v. Essex (s. State Trials I S. 1409 f.). Auch
Philipps fiel später in Ungnade, s. seinen Brief an den Gr. v. Salisbury vom
29. April 1606 bei Tytler VIII S. 440 A. 2 u. Morris S. 117 A. 2 (Waad an Salisbury
26. Dez. 1607) u. S. 375 (Philipps' Briefe an Sir Robert Cotton vom 22. Mai 1622).

47) Da ich über die (äusserst mangelhafte) Ueberlieferung dieser Briefe
ausführlich in m. W.: Der Rücklass der M. St. S. 93 f. gehandelt habe, kann
ich mich hier auf die Erzählung der näheren Umstände derselben und auf die
getreue Wiedergabe ihrer Texte mit Commentar und deutscher Uebersetzung beschränken. Im Anhang wird der Leser die zum Verständnis des Ganzen nöthigen
Auszüge aus der übrigen gleichzeitigen Correspondenz Maria's abgedruckt finden.

48) S. m. W.: Der Rücklass der M. St. S. 105 f.

nur Maria,[49]) sondern auch ihre Sekretäre Nau [50]) und Curle wiederholt ihre Unschuld an dem genannten Attentate betheuerten. Vergegenwärtigen wir uns die Einzelheiten des oben beschriebenen, von Walsingham or-

49) Nach einem französischen Bericht bei Teulet, Relations IV S. 151 sagte Maria zu Fotheringay: „Si oncques j'ay disposé ny consenty à telles praticques, que touchassent la mort de ma soeur, je prie Dieu qu'il ne me face jamais mercy. Je confesse bien avoir escript à plusieurs, que j'ay priez pour aider à ma délivrance de ces misérables prisons, comme princesse captive et maltraictée depuis dixneuf ans tant de mois, mais il ne m'est jamais advenu d'avoir aspiré et escript telles choses contre la Royne. Bien ay-je escript pour la délivrance de plusieurs catholicques persécutez; et si j'eusse peu, et pouvois encores, avec mon propre sang, les garentir et sauver de leurs peynes, je l'eusse faict et feruy toujours pour culx, de tout mon pouvoir, pour empescher leur destruction". Noch auf dem Schaffot sagte sie in ihrem letzten Gebete: „Permectez-moy, mon Dieu, que pour ma justification je dye encores, sans vous offencer, et informe en peu de parolles tous ceulx, en presence desquelz je vous rends mon esprit, le reste du royaume et toute la Chrestiente de la protestation que je faictz, qui est que je n'ay oncques consenty, voullu, conspiré, ny en aulcune sorte donné conseil, ny aide, en touttes les conspirations de mort, pour lesquelles je suis ici faulcement accusée et si inhumainement traictée." Mit allen Mitteln, die ihr zu Gebote standen, habe sie ihre Freiheit zu erlangen gesucht: „sans néantmoings offencer votre majesté divine et l'estat de ce royaulme, et si jaye eu aultre intention en cest endroict, je luy supplye, que mon ame soit perpetuelment privée de la participation de votre misericorde et grace et du fruict qu'elle espere et attend de la mort et passion de votre tres cher fils", Lingard VI S. 468 A. (s. über die näheren Umstände ihrer Hinrichtung den detaillirten Bericht bei Teulet, Relations IV S. 154 f.; das Krucifix, das Maria bei jenem Gebeto in den Händen hielt, ist noch heute erhalten, s. Hosack II S. 466 A. 3); vgl. das Motto dieses Buches.

50) Vgl. Nau's Worte in seinem Memoire an Elisabeth vom 10. Sept. 1586 bei Laban. VII S. 208: „voyant par là (durch Babington's ersten Brief an Maria) son eschaper luy estre offert et proposé, elle (Maria) s'est laissé aller à l'accepter et en conséquence d'icelluy donner advis pour le support estranger, sans se mesler aucunement du troisième poinct (das Attentat auf Elisabeth) ne s'estimant ès termes où elle se croyoit estre obligée de le réveller, n'estant chose par elle oncques désirée, inventée, proposée ny practiquée. Car ils est très véritable que Babington luy escripvit la dite longue lettre (= Brief II) comme tout un nouveau subject dont elle n'avait onques ouy parler"; vgl. Fr. v. Raumer's Werk: Die Königinnen Elisabeth und Maria Stuart, Leipzig 1836 S. 443, der aber die Stelle ne s'estimant ès termes où etc. falsch übersetzt: „über welchen (dritten Punkt) in Ausdrücken die Rede war, welche zu offenbaren sie sich nicht für verpflichtet hielt" statt „da sie (Maria) in den Umständen, in welchen sie sich glaubte (d. i. als Gefangene), sich nicht für verpflichtet hielt, ihn (den dritten Punkt) zu offenbaren." Vgl. noch m. W.: Der Rücklass der M. St. S. 110 A. 33 und die ibid. S. 111 f. citirten Zeugnisse über Nau's und Curle's „Geständnisse". Maria, die irrthümlich Nau Schuld an ihrem Tod gab (s. Lingard VI S. 461 A.), ertheilte Curle auf Bitten seiner Schwester Elisabeth schriftlich Décharge, s. Mendoza's Brief an Philipp II. vom 24. Okt. 1587 (n. St.) bei Teulet, Relations V S. 499.

ganisirten Ueberlistungssystems, halten wir dazu die von hervorragenden
Forschern, wie William Robertson, Harry Bresslau,[51]) eingeräumte Thatsache, dass das englische Cabinet von vorneherein auf den Sturz und
die Hinrichtung Maria's ausging und den gegen sie in Scene gesetzten
Hochverrathsprocess mit der grössten Willkür betrieb, so liegt die Annahme einer betrügerischen Interpolation jener Stellen, deren Glaub-
würdigkeit nur auf dem Zeugnis eines anerkannten Fälschers, wie
Thomas Philipps,[52]) beruht, an und für sich nahe. Um wieviel mehr
aber werden wir sie als unecht verwerfen müssen, wenn wir bei näherer
Betrachtung sehen, dass sie sich ohne Störung des Zusammenhangs von
dem übrigen unzweifelhaft echten Kerne des Briefes losschälen lassen
und dieser hiedurch sogar einer ganz anderen Interpretation fähig wird,
welche mit dem, was wir sonst über die Sache wissen, im besten Ein-
klange steht.

51) S. m. Werk: Der Rücklass der M. St. S. 94 A. 2. Histor. Ztschr. von
H. v. Sybel, 52. Bd. S. 272. Wie planmässig man auch den guten Ruf Maria's
zu untergraben suchte, um die auswärtigen Fürsten von jeder Hülfeleistung ab-
zuhalten, hat sich schon bei der Betrachtung der Entstehungsgeschichte der sog.
Detectio Buchanan's ergeben, die unter Cecil's Aegide und auf seine Ver-
anlassung hin in Druck erschien und in vier Sprachen veröffentlicht wurde
(s. E. Bekker, Maria Stuart, Darley, Bothwell. Giessen 1881, S. 278 f., vgl. Chalmers II S. 345 A. g.). Gleichwie Cecil schon früher dem französischen Gesandten
Paul de Foix eine lügnerische und Maria entehrende Darstellung der Ermordung
Riccio's gegeben hatte (s. Hosack II S. 78 A. 3), so versäumte er auch nicht, die
Nachricht von Maria's unerlaubtem Umgang mit dem Grafen von Shrewsbury
überallhin zu verbreiten, s. Hosack II S. 284 A. 1, vgl. Anthony Standen's Bericht
bei Laban. VII S. 164. Bekanntlich musste die Gräfin von Shrewsbury mit ihren
beiden Söhnen Charles und William Cavendish auf energisches Verlangen Maria's
— s. deren Briefe an Mauvissière vom Januar 1584 an bei Laban. V S. 394 ff. —
Dezember 1584 vor dem geheimen Rath von England öffentlich Abbitte leisten,
s. Laban. VII S. 168. (Der gleichen Intrigue bediente man sich übrigens auch
dem Grafen Philipp von Arundel gegenüber s. A. F. Rio's Biografie desselben in
der Sammlung histor. Bildnisse, Freiburg 1857, S. 34 f.) Vgl. noch Mendoza's
Bericht an Philipp II. vom 20. Oktober 1586 (n. St.) bei Teulet, Relations V S. 415:
„Y Cicil ha dicho al embaxador de Francia, segun él escrive, haverse hallado
él presente à dar tormento al Babington, y que le confessó (Babington) en
gran segreto à él solo, que la Reyna de Escocia havia prometido
casarse con él. Que es mentira bien mal fundada, siendo casado el Babington
y tan catholico." Hatte ich so Unrecht, wenn ich Cecil vorwarf, verbrecherische
Mittel zu seinen Zwecken verwendet zu haben?
52) S. m. W.: Der Rücklass der M. St. S. 103 A. 26 und oben A. 18.

# Maria Stuart's Briefwechsel mit Anthony Babington.

Aus dem Briefe Maria's an Morgan vom 17. Juli 1586[1]) ersehen wir, dass die Schottenkönigin nach Pietro's letzter Rückkehr aus Frankreich (Juni 1586) unter anderem ein Schreiben Morgan's vom 9. Mai (n. St.) erhielt, welches Babington betraf. In der That hat sich ein solcher Brief unter den Cecil-Papers gefunden [2]) (vgl. Laban. VI S. 344 A. 2, Tytler VIII S. 299 A. 1, Hosack II S. 345). In diesem sagt Morgan: „Ich bin der Meinung, dass es nicht unnütz sein werde, wenn E. M. drei oder vier Zeilen eigenhändig an den gen. Babington schreiben, worin Sie ihm Ihre gute Meinung von ihm und das Zutrauen, das Sie in ihn setzen, ausdrücken und ihm für seine gute Gesinnung gegen E. M. danken." [3]) Maria folgte seinem Rath und verfasste am 25. Juni

---

1) Gedr. nach der Originalentzifferung von Philipps im State Paper Office zu London bei Laban. VI S. 421 f. Ueber das Datum s. o. Einl. A. 1.

2) Ich sehe keinen Grund, die Echtheit dieses von Murdin veröffentlichten Briefes zu bestreiten. Während Morgan Maria über die gefährlichen Pläne Dr. W. Gifford's und Ballard's (die Ermordung der Elisabeth betr.) absichtlich in Unklarheit liess und sie warnte, mit jenen Männern einen Briefwechsel einzuleiten (s. Morgan's Briefe an Maria vom 14. April — vgl. Maria's Antwort vom 2. Juli, gedr. Laban. VI S. 354 f. — und 24. Juni, — vgl. Maria's Antwort vom 17. Juli gedr. Laban. VI S. 425 f. — bei Hosack II S. 344, Gauthier 2[2] S. 404, Tytler VIII S. 305 f.), konnte er sie andererseits recht wohl dazu veranlassen, mit Babington, der schon als Page Shrewsbury's Maria manchen Dienst erwiesen hatte, behufs ihrer Befreiung aus der Haft in brieflichen Verkehr zu treten. Von der am 26. April zu Paris im Hause Bernardino's de Mendoza getroffenen Verabredung, Babington für den Plan zu gewinnen (s. Einl. A. 30) mochte Morgan am 29. April in der Bastille bereits Kunde haben. Aus einem Postscript Curle's bei Laban. VI S. 328 erfahren wir, dass Maria auch am 20. Mai 1586 einen Brief Morgan's (vom 26. Juni 1585) erhalten hatte, der Babington betraf.

3) Diesem Brief war ein Entwurf Morgan's beigegeben, dem Maria Wort für Wort folgte, s. Nau's Worte in seinem Memoire an Elisabeth 10. Sept. 1586 bei Laban. VII S. 208 f.: „Et la première (lettre) que la dite Royne d'Escosse luy (Babington) escripvit fust suyvant une minutte envoyée de mot à mot toute faicte par Morgan, advertissant la dite Royne que le dit Babington estoit fort malcontent de ce qu'elle avoit esté si longuement sans luy escrire et employer, ce

folgendes kurzes Schreiben an Babington, welches Curle aus dem Französischen in's Englische übertrug und chiffrirte[4]) und alsdann mit einem Begleitschreiben au ff (Gilbert Gifford — Barnaby)[5]) versah.

## Maria Stuart an Babington.[6])

### (= Brief I.)

(Chartley 25. Juni/5. Juli 1586.)

My very good friend, — Albeit it be long since you heard from me no more than I have done from you

Mein sehr guter Freund! Obwohl Sie seit langer Zeit wider meinen Willen von mir nicht mehr gehört

---

qui luy faisoit croire qu'elle desdaignoit son service et n'en faisoit point de compte. Et pourrois prendre sur ma conscience que la dite lettre n'avoit esté receue par le dit Babington quand il escripvit sa longue lettre, au moins que je puisse cognoistre ou juger en façon que ce soit, comme aussi feray-je ne me pouvoir aucunement souvenir d'avoir oncques escript la dite première lettre de la dite Royne d'Escosse audit Babington (eben darum, weil der Brief schon von Morgan entworfen war), et pour ce supplie que Curle en soit ramantu. La lettre de Morgan et sa minutte pour Babington doibvent estre parmy les papiers du dit Curle, comme aussi toutes lettres faisans foy et vériffication de ce que dessus, en ayant tousjours eu la charge." Eine Copie des gen. Briefes von Morgan, ferner eine Copie des beigelegten Entwurfs von Curle's Hand (wohl dasselbe Schriftstück, welches Curle in seiner Erklärung vom 6. August 1587 bei Lingard VI S. 703 f. und Philipps Summary vom 4. Sept. 1586 bei Tytler VIII S. 449 lit. B erwähnen) ist im State Paper Office s. Calendar of State Papers, herausg. von M. J. Thorpe esq. London 1858 vol. II Mary Queen of Scots vol. XVII N. 58. Ein ähnlicher Entwurf Morgan's zu einem Briefe Maria's an die Gräfin von Arundel datirt 31. März 1586 ist unter den Cecilpapers, s. Laban. VI S. 194 A. 1, vgl. Calendar of State Papers a. a. O. N. 32, 40 u. vol. XIV N. 78.

4) S. Curle's Atteste vom 2. und 5. September unter der französischen Rückübersetzung des Briefes I bei Laban. VI S. 346. Nau's Unterschrift fehlt, da er bei der Abfassung dieses Briefes nicht betheiligt war, s. A. 3.

5) Dieser chiffrirte Brief Curle's an ff ist im Original erhalten, gedr. bei Tytler VIII S. 311 f. (Morris S. 378); vgl. ibid. S. 312 A. über das falsche Datum desselben : Samstag 4. statt 5. Juli (n. St.). Auf der Rückseite hat Gifford (?) eine Copie der verlorenen Originalchiffre Curle's von Brief I (datirt 25. Juni a. St.) eingetragen, s. ibid. S. 313 A. Ueber die Bedeutung der Chiffre ff vgl. Tytler VIII S. 449 A. 1.

6) Drei englische Copien dieses Briefes nach der Entzifferung von Philipps und mit dessen Dorsualnotizen versehen sind im State Paper Office zu London, Mary Q. of Scots vol. 19 N. 10—12, abgedr. von H. Bresslau Histor. Ztschr. von H. v. Sybel. 52. Bd. 1884. S. 311; die französische Rückübersetzung (ibid. vol. 19 N. 9) mit den (in's Französische übertragenen) Attesten Babington's und Curle's

against my will, yet would I not you should think I have in the meanwhile, nor will ever be unmindful of the effectual affection you have showed heretofore towards all that concerns me. I have understood that, upon the ceasing of our intelligence, there were addressed unto you both from France and Scotland some packets for me; I pray you, if any be come to your hands and be yet in place, to deliver them to the bearer hereof, who will make them safely to be conveyed unto me; and I will pray God for your preservation.

Of June the 25th at Charteley.
Your assured good friend
Marie R.

haben, als ich von Ihnen,[7]) so wünschte ich doch nicht, Sie dächten, ich hätte in der Zwischenzeit oder wollte jemals jene wahrhafte Zuneigung vergessen, die Sie früher gegen alles, was meine Person betrifft, an den Tag gelegt haben. Ich habe erfahren, dass seit dem Aufhören unseres Verkehres sowohl von Frankreich als von Schottland einige Packete für mich an Sie adressirt wurden. Ich bitte Sie, wenn irgendwelche Ihnen zu Handen gekommen sind und noch an Ort und Stelle sind, sie dem Ueberbringer Dieses auszuhändigen, der sie unverletzt an mich besorgen wird. Und ich will zu Gott für Ihr Wohlergehen beten.

Den 25. Juni[8]) zu Chartley.
Ihre wahrhaft gute Freundin
Maria R.

Dieses kleine Packet brachte der „ehrliche Mann“ noch an demselben Tage Sir Amias Poulet (s. Poulet's Brief an Walsingham vom vom 29. Juni bei Morris S. 211, Hosack II S. 598 f.), der, von dessen

---

vom 2. und 5. Sept. 1586 gedr. bei Laban. VI S. 345 f. In allen diesen Copien ist das Datum von Philipps auf den alten Styl reducirt. Ueber den erhaltenen Entwurf von Curle's Hand s. A. 3; vgl. noch m. W.: Der Rücklass der M. St. 8. 97 A. 9, S. 104 A. 27.

7) Babington war laut seiner eigenhändig niedergeschriebenen „Confession“ (s. State Trials I S. 1213 f.) i. J. 1582 in Paris mit Thomas Morgan und durch diesen mit dem Erzb. Beaton von Glasgow bekannt geworden, welche beide ihm die Schottenkönigin dringend empfahlen. Nach seiner Rückkehr nach England trat er als Page in den Dienst des Grafen v. Shrewsbury und besorgte den Transport der Packete Maria's zwei Jahre lang; aber drei Monate vor Shrewsbury's Entfernung (6. September 1584) musste er wegen der Verschärfung der Aufsicht über Maria darin innehalten, bis ihm Juli 1586 Maria's kurzes Schreiben (in Chiffre) durch einen ihm unbekannten Knaben überreicht wurde, das die Correspondenz auf's neue einleiten sollte und, wie der Leser sieht, ohne jeden compromittirenden Inhalt ist; vgl. noch Babington's eigene Worte zu Anfang seines ersten Briefes an Maria (s. u. Brief II).

8) Philipps folgt in seinen Entzifferungen, Briefen etc. (wie Gifford, Poulet, Walsingham, Burghley, Elisabeth etc.) dem alten Stil, der in Grossbritannien bis 1752 beibehalten wurde, Maria dagegen (wie Curle, Morgan, Chateauneuf, Mendoza etc.) als gehorsame Katholikin dem seit 5. Oktober 1582 vom Pabste Gregor XIII. eingeführten neuen Stil.

geringem Umfang wenig entzückt, es bis zum 28. Juni behielt, dann aber an den Brauer zurückgab, damit er es dem Substitut am darauffolgenden Tage einhändige. Dieser erstattete es sofort Poulet wieder, welcher es endlich in den obenerw. Brief eingeschlossen behufs Dechiffrirung durch Philipps durch einen Eilboten an Walsingham sandte (ibid.). Ehe noch Babington das kurze Begrüssungsschreiben erhielt (s. Nau's Worte oben A. 3 vgl. dag. State Trials I S. 1214), schickte er, durch Briefe Morgan's aufgefordert, ein langes Schreiben an Maria, worin er sie zum erstenmale von den Plänen der Verschworenen in Kenntnis setzte.

## Babington an Maria Stuart.[9]

(= Brief II ohne Datum.)

(London 6/16. Juli? 1586.)

| Most mighty, most excellent, my dear Sovereign, Lady and Queen, | Mächtigste, Durchlauchtigste, meine theure Souveränin, Herrin und Kö- |
|---|---|

---

[9] Dieses Schreiben ist ebenfalls in drei englischen Copien nach der Entzifferung von Philipps im State Paper Office Mary Q. of Scots vol. 19 N. 10—12 (gedr. bei Bresslau a. a. O. S. 311 f.) und in einer französischen Uebersetzung ibid. vol. 19 N. 9 erhalten (der Attest Curle's vom 5. September unter der letzteren bei Bresslau a. a. O. S. 284 A. 4). Es ist undatirt, aber jedenfalls erst im Juli entstanden, vgl. u. die Worte Babington's: upon the 12th day of this month = am 12. Juli. Barnaby sandte es mit Brief vom 10/20. Juli (bei Morris S. 378) an Curle; Maria erhielt dasselbe am 11/21. Juli gegen Abend, s. Nau's Brief an Babington vom 12/22. Juli (gedr. nach der Entzifferung von Philipps im State Paper Office bei Tytler VIII S. 316; auch Curle's eigenhändiger Originalentwurf dieses Briefes muss im Archiv der Sternkammer erhalten sein, s. Philipps' Summary vom 4. Sept. 1586 bei Tytler VIII S. 449 lit. P und Curle's Erklärung vom 6. Aug. 1587 bei Lingard VI S. 703 f.), worin er dessen Empfang bestätigt, in drei Tagen Antwort von Maria verspricht und sich bezüglich Poley's äussert; vgl. noch das Begleitschreiben von Curle an Barnaby vom gl. D. bei Morris S. 379 u. Philipps' Summary vom 4. Sept. 1586 bei Tytler VIII S. 449 (lit. P). Nach einem Briefe Poulet's an Walsingham vom 14. Juli (gedr. bei Morris S. 224 f.) zu schliessen, überbrachte Philipps, der am 7. Juli London verliess (s. Philipps Brief an Walsingham vom gl. D. bei Laban, VII S. 192 f.), um die Antwort Maria's, bevor sie in die Hand Babingtons, der am 12. Juli in Lichfield zu erscheinen versprochen hatte (s. u.), gelangen konnte, in Chartley selbst zu entziffern und Babington eventuell zu verhaften, Brief II persönlich nach Chartley, wo er durch den Substitut an den Brauer, durch diesen an Maria befördert wurde. Unterwegs begegnete er in Stilton dem Boten, der das oben Einl. A. 39 erw. Packet an Chatenauneuf vom 3/13. Juli trug, und nahm dasselbe zur Entzifferung mit nach Chartley (s. Philipps' Brief an Walsingham, Stilton 8. Juli bei Morris

unto whom only I owe all fidelity
and obedience, — It may please
your gracious Majesty to admit the
excuse of my long silence, and dis-
continuance from these dutiful offi-
ces, incepted upon the remove of
your royal person from the ancient
place of your abode to the custody
of a wicked Puritan and mere Lei-
cestrian — a mortal enemy, both
by faith and faction, to your Majesty and the State Catholic. I held
the hope of our country's weal, de-
pending (next under God) upon the
life and health of your Majesty, to
be desperate and thereupon resolved
to depart the land, determining to
spend the remainder of my life in
such solitary sort, as the wretched
and miserable estate of my country
did require, daily expecting, according
to the just judgment of God, the
deserved confusion thereof, which
our Lord, for his mercy's sake, prevent. The which my purpose being
in execution, and standing upon my
departure, there was addressed to me,
from the parts beyond the seas, one
Ballard, a man of virtue and learning,
and of singular zeal to the Catholic
cause and your Majesty's service.
This man informed me of great pre-
parations by the Christian princes,

nigin[10]), der allein ich alle Treue
und allen Gehorsam schulde. Geruhen Ew. gn. M. die Entschuldig-
ung meines langen Schweigens und
der Unterbrechung dieser schuldigen
Dienstleistungen, welche mit der Entfernung Ew. k. Person von dem alten
Platz Ihres Aufenthalts unter die Aufsicht eines ruchlosen Puritaners und
echten Leicesterianers — eines Tod-
feinds Ew. M. und des Katholicismus nach Glauben und Partei[11]) —
begonnen haben, anzunehmen. Ich
hielt die Hoffnung auf das Wohl
unseres Vaterlandes, welches, nach
Gott, von dem Leben und dem Heile
Ew. M. abhängt, für eine verzweifelte
und darum entschloss ich mich, das
Land zu verlassen, gewillt, den Rest
meines Lebens in so zurückgezogener
Weise zu verbringen, als der jämmer-
liche und elende Zustand meines
Vaterlandes erheischte, täglich nach
dem gerechten Rathschluss Gottes
die verdiente Zerrüttung desselben
erwartend, welche unser Heiland um
Seiner Gnade willen verhindern möge.
Während diese meine Absicht bereits
in Ausführung war und ich zur Ab-
fahrt bereit stand, wurde von den
Gegenden jenseits des Meeres ein gewisser Ballard, ein rechtschaffener
und gelehrter Mann von besonderem

S. 218). Nachdem er den Brief Maria's an Chateauneuf, Claude Hamilton und
Courcelles entziffert hatte, sandte er Copien davon mit einer Abschrift der am
13. Juli erhaltenen obenerw. Note Nau's an Babington laut seines Briefes vom
14. Juli (bei Morris S. 223 f. Tytler VIII S. 319 f.) an den Staatssekretär; vgl. noch
die obengen. Depesche Poulet's an Walsingham vom gl. D., der das Original-
packet an Chateauncuf beigelegt ward. Curle's Begleitschreiben an Barnaby zu
diesem Packet vom 2/12. Juli ist gedr. bei Morris S. 378, Barnaby's Antwort vom
10/20. Juli ibid. S. 378 f.

10) Schon die Begrüssung Maria's als Souveränin etc. wurde Babington und
Maria als Verbrechen ausgelegt, s. State Trials I S. 1214, vgl. S. 1227.

11) Gemeint ist Sir Amias Poulet, der April 1585 Maria's Hüter wurde;
aber schon Sadler und Somers hatten Maria's Correspondenz strenge überwacht,
s. Einl. A. 14 und oben A. 7.

your Majesty's allies, for the deliverance of our country from the extreme and miserable estate wherein it has so long remained; which when I understood, my special desire was to advise by what means, with the hazard of my life and my friends in general, I might do your sacred Majesty one good day's service. Whereupon, most dear Sovereign, according to the great care which those princes have of the preservation and safe delivery of your Majesty's sacred person, I advised of means and considered of circumstances accordings to the weight of the affairs, and, after long consideration and conference had with so many of the wisest and most trusty as with safety I might recommend the safety thereof unto. I find, by the assistance of our Lord Jesus, assurance of good effect and desired fruit of our travails. Those things are first to be advised in this great and honourable action, upon the issue of which depends not only the life of your most excellent Majesty (which God long preserve to our inestimable comfort and to the salvation of English souls). and the life of all us actors therein, but also the honour and weal of our country, far than our lives more dear unto us, and the last hope ever to recover the faith of our forefathers and to redeem ourselves from the servitude and bondage which heresy has imposed upon us with the loss of thousands of souls. First assuring one invasion; sufficient strength in the invader; ports to arrive at ap-

Eifer für die katholische Sache und Ew. M. Dienst an mich adressirt. [12]) Dieser Mann benachrichtigte mich von grossen Vorbereitungen, welche durch die christlichen Fürsten, Ew. M. Verbündete, zur Befreiung unseres Vaterlandes aus dem verzweifelten und elenden Zustand, in welchem es solange verblieben ist, getroffen werden; als ich dies erfuhr, war mein sehnlicher Wunsch zu ersinnen, durch welche Mittel ich (selbst) mit Gefahr meines Lebens und (des Lebens) meiner Freunde überhaupt Ew. gesalbten M. einen guten Tagesdienst verrichten könnte. Darauf überlegte ich, theuerste Souveränin, entsprechend der grossen Sorge, welche jene Fürsten um die Erhaltung und glückliche Befreiung Ew. M. geheiligter Person tragen, die Mittel und erwog die (näheren) Umstände gemäss der Wichtigkeit der Sache und nach langer Berathung und Besprechung mit so manchen der klügsten und zuverlässigsten, welchen ich mit Zuversicht das Gelingen der Sache anvertrauen konnte, finde ich mit dem Beistand unseres Herrn Jesus die Zuversicht eines guten Erfolges und der erwünschten Frucht unserer Anstrengungen. Folgende Dinge müssen in dieser grossen und ehrenvollen Unternehmung zuerst erwogen werden, von deren Ausgang nicht nur das Leben Ew. durchlauchtigsten M., welche Gott zu unserer unschätzbaren Wohlfahrt und zum Heile englischer Seelen, lange erhalten möge. und das Leben von uns allen, die darin thätig sind, [13]) sondern auch die Ehre und das Wohl unseres Vaterlandes, welches uns weit theurer ist, als unser

---

12) S. Einl. A. 37.

13) Vgl. über die Namen der Verschworenen und ihre geheimen Zusammenkünfte zu St. Giles in the Fields in Middlesex seit 5. Juni 1586, State Trials I S. 1132 f. und 1141 f. Von dem Beginn der Conspiration der englischen Katholiken bis zur Absendung dieses Briefes war nicht mehr als ein Monat verflossen.

pointed, with a strong party at every place to join with them and warrant their landing; the deliverance of your Majesty; the dispatch of the usurping competitor (for the effectuating of all which, it may please your Excellence to rely upon my service). I vow and protest before the face of Almighty God, who miraculously has long preserved your sacred person, no doubt to some universal good end, that what I have said shall be performed, or all our lives happily lost in the execution thereof. Which vow all the chief actors herein have taken solemnly, and are, upon assurance by your Majesty's letters unto me, to receive the blessed sacrament thereupon, either to prevail in the Church's behalf and your Majesty's, or fortunately to die for that honourable cause.

Leben, und die letzte Hoffnung, jemals den Glauben (die Religion) unserer Vorfahren wieder herzustellen und uns selbst aus der Knechtschaft und dem Joch, welches Ketzerei uns mit dem Verlust von Tausenden von Seelen auferlegt hat, zu erlösen, abhängt: Erstens: die Garantie eines Angriffs von aussen; zureichende Stärke bei dem Angreifer; Häfen, um an bestimmter Stelle zu landen, nebst einer starken Partei an jedem Platz, um zu jenen (den Angreifern) zu stossen und deren Landung zu sichern; die Befreiung Ew. M.[; die Beseitigung der usurpirenden Rivalin [14])], (Dinge,) für deren gemeinsame Ausführung Ew. Exc. geruhen mag, Sich auf meine Dienste zu verlassen. Ich gelobe und betheure vor dem Angesicht des allmächtigen Gottes, der Ew. geheiligte Person, ohne Zweifel zu einem für Alle guten Ende, in wunderbarer Weise lang erhalten hat: das, was ich gesagt habe, soll in's Werk gesetzt werden, oder unser aller Leben bei der Ausführung desselben freudig hingegeben werden. Dieses Gelübde haben alle Haupttheilnehmer hierin feierlich gethan und sie sind nach (erfolgter) Versicherung durch Ew. M. Brief an mich bereit, das heil. Sakrament hierauf zu nehmen, entweder in der Sache der Kirche und Ew. M. zu

---

14) Die von mir in Klammern gesetzten Worte werden von Lingard VI S. 415 A. 1 (ihm folgen Hosack II S. 350 u. 352, Gauthier II S. 407) mit Recht als Einschiebsel betrachtet. If we score out, sagt er, the line „for the despatch of the usurping conspirator (competitor)" und the passage beginning „and for the despatch of the usurper" und ending with „tragical execution" on the supposition that they are interpolations, Babington's letter will be confined to the expected aid from foreigners, und the safest way of carrying Mary off from Chartley. In der That was konnte Babington veranlassen, Maria jenes Geheimnis mitzutheilen, das Morgan ängstlich vor ihr verborgen gehalten hatte, s. oben A. 2; vgl. m. W.: Der Rücklass der M. St. S. 107 f. Wie dem auch sei, das Urtheil über Maria bleibt von der Entscheidung dieser Frage unberührt, da die Schottenkönigin weder Babington noch einen anderen ihrer Freunde hindern konnte, an sie zu schreiben, was er wollte.

Now forasmuch as the delay is extreme dangerous, it may please your most excellent Majesty by your wisdom to direct us, and by your princely authority to enable such as may advance the affairs. For seeing that there is not any of the nobility at liberty assured to your Majesty in this desperate service (except unknown to us), and seeing it is very necessary that some there be to become heads to lead the multitude, ever disposed by nature in this land to follow nobility, considering withal it does make not only the commons and gentry to follow without contradiction or contention (which is ever found in equality), but also does add great courage to the leaders: for which necessary regards I recommend some unto your Majesty as fittest, in my knowledge, for to be your lieutenants in the west parts, in the north parts, South Wales, North Wales, the countries of Lancaster, Derby, and Stafford, all which countries, by parties already made, and fidelity taken in your Majesty's name, I hold as most assured and of most undoubted fidelity. Myself with ten gentlemen, and a hundred our followers. will undertake the delivery of your royal person from the hands of your enemies. For the dispatch of the usurper, from the obedience of whom we are, by the excommunication of her, made free, there be six noble gentlemen, all my private friends,

siegen oder selig für jene ehrenvolle Angelegenheit zu sterben.[15]

Nun, da Zögern äusserst gefährlich ist, so möge Ew. durchlauchtigste M. geruhen, uns nach Ew. Weisheit Anleitung zu geben und durch Ew. fürstliche Autorität diejenigen zu ermächtigen, welche die Sache fördern können. Denn in Anbetracht, dass Niemand unter dem in Freiheit befindlichen Adel in diesem verzweifelten Dienste Ew. M. zuverlässig ist und in Anbetracht, dass es sehr nöthig ist, dass einige an die Spitze gestellt werden, um die Menge zu leiten, welche in diesem Lande immer von Natur geneigt ist, dem Adel zu folgen, zugleich in der Erwägung, dass dies nicht nur die Gemeinen und den niederen Adel ohne Widerspruch oder Hader, welcher immer bei Gleichgestellten gefunden wird, folgen macht, sondern auch den Leitern grossen Muth einflösst — aus diesen unerlässlichen Rücksichten empfehle ich Ew. M. einige als die passendsten nach meinem Wissen, um Ew. Lieutenants in den westlichen (Landes-) Theilen, den nördlichen Theilen, in Südwales, Nordwales, den Landschaften von Lancaster, Derby, und Stafford zu sein, welche Gegenden alle wegen bereits vorhandener Parteien und im Namen Ew. M. geleisteten Treueids ich als die zuverlässigsten und von unzweifelhafter Treue erachte.

Ich selbst werde mit 10 Edelleuten und einem Hundert unserer Begleiter die Befreiung Ew. k. Person aus den Händen Ew. Feinde unternehmen.[16]

---

15) Das Verhalten der Verschworenen bei ihrer Hinrichtung (s. State Trials I S. 1156 f.) beweist, dass sie diesen Schwur gehalten haben.

16) Unter den Edelleuten, welche die Befreiung Maria's unternehmen wollten, waren ausser Anthony Babington esq.: Thomas Salisbury esq., Ned (= Edward) Windsor esq. (Bruder des Lord Windsor), Edward Jones esq., John Travers gent., Henry Donn gent., Thomas Gerrard knight u. a., s. State Trials I S. 1134 f., 1142, 1159.

who, for the zeal they bear to the Catholic cause and your Majesty's service, will undertake that tragical execution. It rests that, according to their infinite good deserts, and your Majesty's bounty, their heroical attempts may be honourably rewarded in them, if they escape with life, or in their posterity; and that so much I may be able, by your Majesty's authority, to assure them. Now it remains only that by your Majesty's wisdom it be reduced into method, that your happy deliverance be first, for that thereupon depends the only good, and that all the other circumstances so occur, that the untimely beginning of one end do not overthrow the rest. All which your Majesty's wonderful experience and wisdom will dispose of in so good manner as I doubt not, through good God's assistance, all shall come to desired effect; for the obtaining of which every one of us shall think

[Was die Beseitigung der Usurpatorin [17]) anbelangt, der zu gehorchen wir durch ihre Exkommunikation [18]) entbunden sind, so sind da sechs adelige Männer, alle meine persönlichen Freunde, [19]) welche um des Eifers willen, den sie zur katholischen Sache und für Ew. M. Dienst tragen, jene tragische Exekution auf sich nehmen werden. Es erübrigt, dass entsprechend ihren unermesslich guten Verdiensten und Ew. M. Güte ihr heroisches Wagnis in ihnen ehrenvoll belohnt werde, wenn sie mit dem Leben davonkommen, [20]) oder in ihrer Nachkommenschaft und dass ich durch Ew. M. Ermächtigung in der Lage sei, sie dessen zu versichern.] Jetzt bleibt nur noch übrig, dass durch Ew. M. Weisheit das Unternehmen in Methode (in ein System) gebracht werde, auf dass Ew. glückliche Befreiung das erste sei, denn hievon hängt das einzige Gut (unser Wohl und Wehe) ab, und dass alle

17) Zu dieser Interpolation vgl. A. 14.

18) Gemeint ist die Bulle Pius V. Datum Romae apud Sanctum Petrum sub anulo Piscatoris, Anno incarnationis Dominicae, millesimo quingentesimo sexagesimo nono, Quinto Kl. Martii (= 25. Februar 1570) abgedr. bei Camden I S. 179 f. Sie beginnt mit den Worten: „Regnans in excelsis".

19) John Savage gent., der nach seiner eigenen Aussage (s. State Trials I S. 1130 f., 1137 f.) schon vor Jahresfrist, als er noch auf dem Continent war, den Schwur geleistet hatte, Elisabeth zu tödten, wurden von Babington zur grösseren Sicherheit der Ausführung: Edward Abington esq., Charles Tilney esq., Chidiock Titchburne esq., Robert Barnewell gent., John Charnock gent. (letzterer erst nach Ballard's Verhaftung am 4/14. August, s. State Trials I S. 1144) und zwar, wie sie behaupteten, ohne ihr Wissen und ohne ihre Zustimmung als Beihelfer bestimmt, s. State Trials I S. 1131, 1133, 1142, 1144, 1146, 1150, 1153. Savage nennt in seiner „Confession" zum Theil ganz andere Namen, s. Morris S. 389, vgl. Camden I S. 406. Tichnor hatte sich rechtzeitig davon gemacht.

20) Vgl. zu dieser Stelle m. W.: Der Rücklass der M. St. S. 108 A. 32. Würde wohl Babington für den Mord an Elisabeth den sonderbaren Ausdruck „tragische Exekution" gebraucht haben, oder hat sich nicht vielmehr damit der Fälscher selbst verrathen? Puritanische Beschränktheit zeigt die Auffassung, als sei es einem Katholiken ohne weiteres erlaubt, an einer exkommunizirten Person eine Mordthat zu begehen!

3

his life most happily spent. Upon the 12<sup>th</sup> day of this month I will be at Lichfield, expecting your Majesty's answer and letter in readiness, to execute what by them shall be commanded.

Your Majesty's most faithful subject and sworn servant
Anthony Babington.

anderen Umstände so eintreten, dass der vorzeitige Beginn eines Endzweckes nicht den Rest vereitle. Alles dies wird Ew. M. wundersame Erfahrenheit und Weisheit in so guter Art anordnen, dass, wie ich nicht zweifle, durch den Beistand des gütigen Gottes alles zum erwünschten Ziele gelangen wird, für dessen Erreichung sein Leben hingegeben zu haben sich jeder von uns glücklich preisen wird. Am 12. dieses Monats werde ich zu Lichfield sein[21]) und Ew. M. Antwort und Brief in Bereitschaft erwarten, um auszuführen, was durch dieselben anbefohlen werden wird.

Ew. M. treuester Unterthan und geschworner Diener
Anthony Babington.

Maria's von Philipps und Poulet mit Spannung erwartete[22]) Antwort auf diesen Brief Babington's verzögerte sich bis zum 17. Juli. Dieselbe wurde von Maria auf französisch im Concept entworfen, durch Nau in's Reine gebracht und Maria zur Genehmigung vorgelesen, dann Curle zur Uebersetzung in's Englische, dessen weder Maria noch Nau mächtig war,[23]) und nach nochmaliger Prüfung zur Chiffrirung übergeben.[24]) Curle fügte noch ein Begleitschreiben an Barnaby (vom

---

21) Da Babington Verrath fürchtete, wagte er es nicht, am 12/22. Juli in Lichfield zu erscheinen (s. unten seinen zweiten Brief an Maria vom 3/13. August). In der That hatte Philipps schon mehrere Tage vorher Walsingham um Ausfertigung der Befehle zur Verhaftung Ballard's und Babington's gebeten, s. seine Briefe an Walsingham vom 7/17. Juli bei Laban. VII S. 192 f. und vom 8/18. Juli bei Morris S. 218.

22) Am 14/24. Juli schrieb Philipps an Walsingham: „We attend her very heart at the next", s. Morris S. 224; vgl. Poulet an ebendens. ibid. S. 225 (vom gl. D.).

23) S. m. W.: Der Rücklass der M. St., S. 98 A. 10.

24) Die Beweise hiefür habe ich bereits in m. W.: Der Rücklass der M. St. S. 98 A. 11 zusammengestellt; vgl. noch Walsingham's Briefe an Philipps vom 3/13. und 4./14. September 1586 bei Morris S. 283 f. und 284 f., Tytler VIII S. 446, Waad an Philipps 7/17. September bei Morris S. 287, Tytler S. 444 A. 1; Nau's Deklaration vom 5/15. September bei Morris S. 230 A. 1; Curle's Geständniss vom 21. September bei Lingard VI S. 701 und seinen Revers vom 6. August 1587 ibid. S. 703 f.

gl. D.) [25]) bei und schon am 19. Juli schrieb Philipps frohlockend an
Walsingham, dass er Tags vorher gegen Abend den entscheidenden
Brief erhalten habe (s. sein Schreiben an den Staatssekretär vom 19. Juli
bei Morris S. 234 f., Tytler VIII S. 323 f., dem er die Entzifferung des
Briefes III beilegte; er erwartet Vollmacht von Walsingham, Babington,
wenn er in der Gegend sei, verhaften lassen zu dürfen; vgl. noch
Poulet's Brief an Walsingham vom 20. Juli bei Morris S. 244 f.,
Tytler VIII S. 324 f.). Babington erhielt die Antwort Maria's erst am
29. Juli (s. u. Brief IV a. A.), da er aus Furcht vor Verrath London
nicht zu verlassen wagte (s. oben A. 21). Er entzifferte sie, nachdem
sie ihm durch einen Mann in blauem Mantel überreicht worden war,
mit Hülfe Titchburne's und theilte sie stückweise mehreren seiner
Freunde: Savage, Ballard, Donn, mit, wie er es früher mit seinem
eigenen Briefe gethan hatte (s. State Trials I S. 1177 u. 1214). Sie
lautete folgendermassen:

---

25) Dieses Schreiben ist im (chiffrirten) Original erhalten, gedr. bei Morris
S. 379, s. State Papers a. a. O. vol. 18 N. 57, vgl. Philipps Summary vom 4/14. September bei Tytler VIII S. 449 (lit. A) und m. W.: Der Rücklass der M. St. S. 101 A. 22.
Das darin versprochene Packet für Chateauneuf ist das Einl. A. 39 an letzter Stelle
aufgeführte, welches erst am 28. Juli/7. August von Curle abgeschickt wurde,
s. dessen Begleitschreiben an Emilio vom gl. D., gedr. bei Morris S. 243 f. (vgl.
über Emilio Philipps' Brief an Walsingham vom 17/27. Juli ibid. S. 225 f.; mit
dem Worte „addition" bezeichnet Curle eine Ergänzung des früher übersandten
Chiffrealphabets, welche er schon im Brief vom 12/22. Juli Barnaby versprochen
und jenem vom 17/27. Juli wirklich beigelegt hatte, s. Morris S. 379, vgl. unten
Brief III a. E.). Poulet sandte das Packet am 30. Juli/9. August mit Brief (bei
Morris S. 247) an Walsingham. Philipps hatte Chartley schon am 27. Juli/6. August verlassen, s. Poulet an Walsingham 29. Juli/8. August bei Morris S. 246 (vgl.
Poulet an ebendens. 26. Juli/5. August, und Poulet an Philipps 29. Juli/8. Aug. ibid.).
Die Aufforderung Walsingham's an Philipps in seinem Brief vom 22. Juli/1. Aug.
(24. Juli/3. Aug.?), das Original der Antwort Maria's an Babington mit nach
London zu bringen (s. Morris S. 245), kam zu spät, da jener Brief erst am
27. Juli/6. August in Chartley eintraf (s. Poulet bei Morris S. 246) und Philipps
das Original schon am 19/29. Juli nach vorgenommener Entzifferung aus den
Händen gegeben hatte (s. seine eigenen Worte bei Morris S. 234, vgl. m. W.:
Der Rücklass der M. St. S. 109).

### Maria Stuart an Babington.[26])

(= Brief III ohne Datum.)

(Chartley 17/27. Juli 1586.)

Trusty and well beloved, — According to the zeal and entire affection which I have known in you towards the common cause of religion, and mine, having always made account of you as a principal and right worthy member to be employed both in the one and the other, it has been no less consolation unto me to understand your estate, as I have done by your last, and to have found means to renew my intelligence with you, than I felt grief all this while past to be without the same. I pray you, therefore, from henceforth to write unto me so often as you can of all occurrents which you may judge in any wise important to the good of mine affairs, whereunto I shall not fail to correspond with all the care and diligence that shall be in my possibility. For divers great and important considerations, which were here too long to be deducted, I cannot but greatly praise and commend your common desire to prevent in time the designment of our enemies for the extirpation of our religion out of this realm with the ruin of us all. For I have long ago shown unto the foreign Catholic princes, and experience does approve it: the

Getreuer und Vielgeliebter! Da ich in Anbetracht des Eifers und der innigen Anhänglichkeit an die gemeinsame Sache der Religion und an die meinige, welche ich an Ihnen wahrgenommen habe, immer auf Sie als auf ein vorzügliches und recht würdiges Werkzeug, um in der einen und der anderen verwendet zu werden, gerechnet habe, ist es für mich kein geringerer Trost gewesen, Ihre Lage kennen zu lernen, wie ich sie aus Ihrem Letzten (= Brief II) entnommen habe, und Mittel gefunden zu haben, meine Correspondenz mit Ihnen zu erneuern, als ich diese ganze vergangene Zeit hindurch Kummer (darüber) fühlte, dieselbe entbehren zu müssen. Ich bitte Sie darum, schreiben Sie von jetzt an so oft an mich, als Sie (nur) können, von allen Vorkommnissen, welche Sie im Interesse meiner Angelegenheiten in irgend einer Weise für wichtig erachten mögen, und ich werde nicht verfehlen, mit aller Sorgfalt und allem Fleiss, die in meinen Kräften liegen, darauf zu antworten. Aus verschiedenen ernsten und wichtigen Erwägungen, die hier zu erörtern zu weitschweifig wäre, kann ich Ihr gemeinsames Verlangen, die Absichten unserer Feinde auf Ausrottung unserer

---

26) Dieser Brief ist nach dem Wortlaut der drei englischen Copien der Entzifferung von Philipps (im St. P. O. Mary Q. of Scots vol. 18 N. 52—54) gedr. bei Bresslau a. a. O. S. 313 f.; nach der französischen Rückübersetzung (ibid. vol. 18 N. 51) bei Laban. VI S. 385 f. (mit den Attesten Babington's, Nau's und Curle's vom 5/15. und 6/16. September), der S. 398 A. 1 noch vier weitere Copien aufzählt. Das Datum des Briefes steht aus dem des (in A. 25 erw.) Begleitschreibens an Barnaby fest.

longer that they and we delay to put hands to the matter on this side, the greater leisure have our said enemies to prevail and win advantages over the said princes, as they have done against the King of Spain. And in the meantime the Catholics here, remaining exposed to all sorts of persecutions and cruelty, do daily diminish in number, forces, means, and power, so as if remedy be not thereunto hastily provided, I fear not a little but they shall become altogether unable for ever to arise again and to receive any aid at all, whensoever it were offered them. For mine own part, I pray you to assure our principal friends that, albeit I had not in this cause any particular interest (that which I may pretend unto being of no consideration unto me), in respect of the public good of this state I shall be' always ready and most willing to employ therein my life and all that I have or may ever look for in this world. Now, for to ground substantially this enterprise and to bring it to good success, you must first examine deeply 1. what forces as well on foot as on horse you may raise amongst you all, and what captains you shall appoint for them in every shire in case a chief general cannot be had; 2. of which towns, ports, and havens you may assure yourselves as well in the northwest as south, to receive suc-

Religion aus diesem Königreich nebst unser aller Ruin rechtzeitig zu vereiteln, nur höchlichst loben und gutheissen. Denn ich habe (schon) vor langer Zeit den auswärtigen katholischen Fürsten dargelegt — und Erfahrung bestätigt es —: Je länger sie und wir säumen, Hand an die diesseitige Sache zu legen, desto grössere Musse haben unsere gen. Feinde das Uebergewicht und Vortheile über die gen. Fürsten zu erringen, wie sie (solche) über den König von Spanien errungen haben.[27]) Und in der Zwischenzeit vermindern sich die Katholiken hier, welche allen Arten von Verfolgungen und Grausamkeit ausgesetzt sind, täglich an Zahl, Streitkräften, Hülfsmitteln und Macht, so dass, wenn nicht schleunig für Abhülfe dagegen gesorgt wird, sie alle zusammen, wie ich nicht wenig fürchte, für immer untauglich werden, sich wieder zu erheben und irgendwelche Hülfe überhaupt zu acceptiren, wann immer sie ihnen angeboten würde. Für meinen eigenen Theil bitte ich Sie unsere vornehmsten Freunde zu versichern, dass ich, obwohl ich an dieser Sache kein persönliches Interesse hätte, da das, was ich beanspruchen kann, für mich ohne Bedeutung ist,[28]) in Hinsicht auf das öffentliche Wohl dieses Staates immer bereit und willig sein werde, hierin mein Leben einzusetzen und alles, was ich habe oder in dieser Welt jemals erwarten kann.[29]) Jetzt,

27) S. Einl. A. 34.
28) Die Wiederherstellung der kath. Religion in England und Schottland erschien Maria wichtiger als die Erwerbung der englischen Krone.
29) Ganz ähnlich lautet eine Aeusserung Maria's in einem Briefe an Parsons 29. Mai 1586 (Laban. VI S. 335): Leave not to continue to labor by all meanes for the reestablishement of thinges in this cowntrye, the wheale and prosperitye wherof and of the good men and trew catholikes of the same I shall alwayes preferre to all greatnesse and particular contentement of my owne, and will thinke my life well bestowed to that ende, when so ever occasion shall

cours from the Low Countries, Spain, and France; 3. what place you esteem fittest and of greatest advantage to assemble the principal company of your forces at, and, the same being assembled, whither or which way you are to march; 4. what foreign forces as well on horse as on foot you require (which would be compassed conform to the proportion of yours), for how long paid, and munition, and port, the fittest for their landing in this realm from the three foresaid foreign princes; 5. what provision of money and arms, in case you want, you would ask; 6. by what means do the six gentlemen deliberate to proceed; 7. and the manner also of my getting forth of this hold. Upon which points having taken amongst you, who are the principals authors, and also as few in number as you can, the best resolution, my advice is that you impart the same with all diligence to Bernardino de Mendoza, ambassador lieger for the King of Spain in France, who, besides the experience he has of the estate of this side, I may assure you will employ him therein most willingly. I shall not fail to write unto him of the matter with all the earnest recommendations that we can, as I shall also do any else that shall be needful. But you must make choice, for managing of this affair, with

um dieser Unternehmung eine tüchtige Grundlage zu geben und ihr zu gutem Erfolg zu verhelfen, müssen Sie erst reiflich prüfen: 1. Wieviel Leute sowohl zu Fuss als zu Pferd Sie unter Ihnen allen anwerben können und welche Hauptleute Sie für dieselben in jeder Grafschaft aufstellen wollen, falls ein oberster General nicht zu erhalten wäre; 2. Welcher Städte (Festungen), Häfen und Buchten sowohl im Nordwesten als im Süden Sie Sich versichern wollen, um Sukkurs aus den Niederlanden, Spanien und Frankreich aufzunehmen; 3. Welchen Platz Sie für den passendsten und vortheilhaftesten erachten, um daselbst die Hauptmasse Ihrer Streitkräfte zu versammeln, und wohin Sie, wenn diese versammelt sind, oder welchen Weg Sie marschiren wollen; 4. Wieviel fremdes Kriegsvolk sowohl zu Pferd als zu Fuss Sie brauchen — die Menge desselben müsste sich nach dem Verhältnis des Ihrigen bestimmen — für wie lange bezahlt, und Munition und Hafen, der für dessen Landung in diesem Königreich von Seite der drei vorgen. fremden Fürsten der geeignetste ist; 5. Welche Vorräthe an Geld und Waffen, im Fall Sie (daran) Mangel haben, Sie fordern wollen; 6. Mit welchen Mitteln die [sechs] Edelleute (bei der Befreiung Maria's) vorzugehen beschliessen;[30]) 7. Und auch die Art und

offer, vgl. ibid. S. 158 (Brief Maria's an Elisabeth Tutbury 8. April 1585): Car de ma part, quand on en viendroit là que de vouloir attaquer à jeu ouvert ma religion, je suis toute preste, avec la grâce de mon Dieu, de baisser le col sous la hache, pour y répandre mon sang devant toute la chrestienté, et le tiendrois à très grand heur d'y marcher la première; je ne le dis par vaine gloire, loin du danger. Wie treu Maria dieses Versprechen gehalten hat, beweist ihre grosse Fassung bei und nach Verkündigung des Todesurtheils und beim Hinrichtungsacte selbst.

30) Diese von mir durchschossen gedruckte Stelle wird, wie die weiter unten folgenden von Laban. VI S. 387 und S. 389 f. (vgl. S. 390 A. 1 und S. 398),

the said Mendoza and others out
of the realm, of some faithful and
very secret personage, unto whom
only you must commit yourselves
to the end things be the more secret, which for your own security

Weise meiner Fortschaffung aus
dieser Haft. Nachdem Sie über diese
Punkte unter Sich, soweit Sie Haupttheilnehmer sind, und auch in so
geringer Anzahl als nur möglich den
besten Entschluss gefasst haben, rathe

Homack II S. 359 f. (Gauthier II² S. 555 f.) als Interpolation betrachtet. Auch Lingard VI S. 702 sagt: Score out those passages and the letter will be restored to
that state in which according to Mary and Nau (s. Einl. A. 49 und 50) it was origi-
nally written, that is, it will be confined to the insurrection in England, and to her
escape from prison. Thus it reads more naturally, and is free from the objections
which otherwise force themselves on the mind of every attentive and cautious in-
quirer. Uebrigens ist diese Ansicht nur die nothwendige Consequenz der von
Lingard S. 415 A. 1 (s. oben A. 17) geäusserten Bedenken gegen die Echtheit der
bezüglichen Stellen des langen Babingtonbriefes. Denn sprach Babington von
den sechs Edelleuten — Attentätern überhaupt nicht, so konnte Maria darauf
auch nicht erwidern. Aber selbst wenn Babington wirklich von der Beseitigung
der Usurpatorin sprach, musste Maria darum noch nicht nothwendig darauf
erwidern, wie sie es in der That beharrlich in Abrede gestellt hat (s. das Motto
dieses Buches und Einl. A. 49, vgl. noch Burghley's Brief an Davison vom
15/25. Oktober 1586: The Queen of the Castle (Maria) was content to appear
again afore us in public, to be heard: but, in truth, not to be heard for her defence; for she would say nothing but negatively, that the points of the
letters that concerned the practice against the Queen's Majesty
were never by her written, nor of her knowledge. The rest, for invasion, for escaping by force, she said she will neither deny nor affirm s. Tytler VIII
S. 366). Dass sie einen Brief von Babington empfangen und zwei an ihn geschrieben habe, hat Maria nicht geleugnet und konnte sie nicht leugnen (s. ihren
Brief an Morgan vom 17/27. Juli bei Laban. VI S. 422 etc.) wohl aber „that she
received any such Letter from him, or that she wrote any such Letter to him
s. State Trials I S. 1217. Die Namen der sechs Gentlemen s. oben A. 19. Meiner
Ansicht nach hatte Maria bei Abfassung des Briefes III nicht diese, sondern jene
(10) Edelleute im Auge, welche laut des langen Babingtonbriefes (vgl. A. 16) mit
Babington die Befreiung Maria's aus ihrer Haft unternehmen wollten (denn es
wäre doch gar zu auffallend, wenn Maria gar nicht nach den Mitteln, mit welchen dieselben vorgehen wollten, sich erkundigt hätte). Durch geschickte Ein-
schaltung der Ziffer sechs aber verstand es der Fälscher dieser Stelle eine Beziehung auf die Attentäter gegen das Leben Elisabeth's zu geben
(s. näheres in m. Excurs zu diesem Brief und unten A. 35 u. 36). Da die Worte
„and the manner also of my getting forth of this hold" unmittelbar darauf folgen
und durch Maria's Rathschläge am Ende des Briefes III den Edelleuten, welche
Babington begleiten sollten, wirklich die Mittel zu ihrer Befreiung angegeben
werden, so ist unsere Deutung dieser Stelle eine ganz ungezwungene; vgl. noch
Curle's Geständnis vom 21. September/1. October State Trials I S. 1220: „by what
means the [six] gentlemen meant to proceed, and how they (!) meant to deliver her out of hold", wo die Zahl six ebenso wie in Nau's Geständnis vom
gl. D. (ibid. S. 1219) späterer Zusatz ist.

I recommend unto you above the rest. If your messenger bring you back again sure promise and sufficient assurance of the succours you demand, then thereafter (but no sooner, for that it were in vain) take diligent order that all those of your party on this side make, so secretly as they can, provision of armour, fit horse, and ready money, wherewith to hold themselves in readiness to march so soon as it shall be signified unto them by their chiefs and principals in every shire; and for better colouring of the matter (reserving to the principal the knowledge of the ground of the enterprise), it shall be enough for the beginning to give out to the rest that the said provisions are made only for fortifying yourselves in case of need against the Puritans of this realm, the principal whereof having the chief forces of the same in the Low Countries have (as you may let the bruit go) designed to ruin and overthrow at their return home the whole Catholics and to usurp the crown not only against me and all other lawful pretenders thereunto, but against their own queen that now is, if she will not altogether commit herself to their only government. The same pretexts may serve to found and establish amongst you all an association and confederation general, as done only for your own just preservations and defence, as well in religion as lives, lands, and good, against the oppression and attempt of the said Puritans, without touching directly

ich Ihnen, denselben mit allem Fleisse Bernardino de Mendoza, ständigen Gesandten für den K. von Spanien in Frankreich, mitzutheilen, welcher abgesehen von der Kenntnis, welche er von den diesseitigen Zuständen hat, sich, wie ich Sie versichern kann, mit allem Eifer dafür verwenden wird. Ich werde nicht verfehlen, ihm von der Angelegenheit zu schreiben[31]) mit all den ernstesten Empfehlungen, als ich nur kann, wie ich auch irgendsonst thun werde, was nothwendig sein wird. Aber Sie müssen zur Leitung dieser Angelegenheit (im Verein) mit dem gen. Mendoza und anderen aus dem Königreiche Umschau halten nach einer verlässigen und sehr verschwiegenen Person von Stande, der allein Sie Sich anvertrauen dürfen, zu dem Ende, dass die Dinge um so verborgener bleiben, was ich Ihnen um Ihrer eigenen Sicherheit willen vor allem empfehle. Wenn Ihr Bote Ihnen wieder sichere Zusage und hinlängliche Gewähr des Sukkurses, den Sie verlangen, zurückbringt, dann erst — aber nicht früher, denn es wäre vergeblich — treffen Sie ernstlich Anstalten, dass alle jene von Ihrer Partei diesseits so geheim als nur möglich Waffen, passende Pferde und baares Geld herbeischaffen, um sich damit in Bereitschaft zu halten, sobald als ihnen von ihren Anführern und Vorgesetzten in jeder Grafschaft das Zeichen gegeben wird, zu marschiren, und zur besseren Bemäntelung der Sache — indem Sie nur die Haupttheilnehmer von dem (wahren) Grund der Unternehmung in Kennt-

---

31) S. den gleichzeitigen Brief Maria's an Mendoza, den sie an demselben Tage (17/27. Juli) begann, aber erst am 23. Juli/2. August vollendete, nach Philipps' Dechiffrirung gedr. bei Laban. VI S. 432 f. und im Anhang. Mendoza erwähnt ihn in seiner Depesche an Philipp II. vom 10. September 1586 (n. St.), s. Teulet, Relations V S. 392 und m. W.: Der Rücklass der M. St. S. 112 f.

by writing anything against that queen, but rather showing yourselves willing to maintain her and her lawful heirs after her, unnaming me. The affairs being thus prepared, and force in readiness both without and within the realm, then shall it be fit to set the six gentlemen to work, taking order, upon the accomplishment of their design, I may be suddenly transported out of this place, and that all your forces in the same time be on the field to meet me in tarrying for the arrival of the foreign aid, which then must be hastened with all diligence. Now, for that there can be no certain day appointed of the accomplishing of the said gentlemen's designment, to the end that others may be in readiness to take me from hence: I would that the said gentlemen had always about them, or at the least at Court, a four-stout men, furnished with good and speedy horses, for so soon as the said design shall be executed to come with all diligence to advertise thereof those that shall be appointed for my transporting, to the end that immediately hereafter they may be at the place of my abode, before my keeper can have advice of the execution of the said design, or at the least before he can fortify himself within the house, or carry me out of the same. It were neces-

nis setzen — wird es für den Anfang genügen, den übrigen auszugeben, dass die gen. Anstalten nur zu Ihrer eignen Verstärkung im Nothfall gegen die Puritaner dieses Königreichs getroffen werden, deren Häupter, indem sie über die besten Truppen derselben in den Niederlanden verfügen, beschlossen haben — wie Sie das Gerücht gehen lassen mögen — bei ihrer Rückkehr in die Heimat alle Katholiken zu vernichten und niederzuwerfen und die Krone zu usurpiren nicht nur zum Nachtheil für mich und alle anderen rechtmässigen Prätendenten an dieselbe, sondern auch zum Nachtheil ihrer eigenen jetzigen Königin, falls sie nicht gänzlich sich ihrer Alleinregierung überlassen will. Dieselben Vorwände mögen dienen, unter Ihnen allen eine allgemeine Association und Conföderation zu stiften und herzustellen,[32a]) gleich als geschähe sie nur zu Ihrer eigenen berechtigten Nothwehr und Vertheidigung, sowohl in (Bezug auf) Religion als Leben, Land und Gut gegen die Unterdrückung und den Angriff der gen. Puritaner, ohne direkt schriftlich etwas gegen jene Königin verlautbaren zu lassen, sondern indem Sie Sich vielmehr bereit zeigen, sie und ihre rechtmässigen Erben nach ihr[33]) — ohne mich zu nennen — zu beschützen. Wenn die Dinge so vorbereitet sind und Truppen sowohl

---

32) Von dieser Stelle behauptete Nau (u. Curle) am 21. September/1. Oktober — wenn anders dem Hardwickeprotokoll (s. State Trials I S. 1219 f.) zu trauen ist — dass sie von Maria selbst ersonnen und auf ihre ausdrückliche Weisung hin in in den Brief aufgenommen worden sei. Es ist wohl möglich, dass die Katholiken in England fürchteten, Leicester, mit dessen Verhalten die Königin Elisabeth sehr unzufrieden war, werde nach seiner Rückkehr aus den Niederlanden an der Spitze eines Heeres die Regierung in England an sich reissen.

33) d. i. Maria selbst; aus dieser Aeusserung ergibt sich, dass Maria zu Lebzeiten der Elisabeth kein Recht auf den Thron in Anspruch nahm; vgl. Laban. VI S. 60 (Artikel 3, 4, 5).

sary to dispatch two or three of
the said advertisers by divers ways,
to the end that, if the one be staid,
the other may come through; and
at the same instant were it also
needful to essay to cut off the post
ordinary ways.

ausserhalb als innerhalb des Königs-
reichs bereit stehen, dann wird es
Zeit sein,[34]) die [sechs] Edelleute[35]) an's Werk gehen zu
lassen unter Anordnung, dass ich
nach Ausführung ihres Planes
(d. i. nach gelungener Ueberrumpelung von Chartley) alsbald aus diesem
Platz fortgebracht werde und dass
alle Ihre Streitkräfte in derselben
Zeit im Felde stehen, um mir ent-
gegenzugehen in Erwartung der Ankunft der auswärtigen Hülfe, welche
dann mit allem Eifer beschleunigt
werden muss. Jetzt, da kein bestimmter Tag festgesetzt werden kann für die Ausführung
des Planes der gen. Edelleute
(die Befreiung Maria's), zu dem
Ende, damit andere bereit
stehen, mich von hier fortzu-
nehmen, wünschte ich, dass die
gen. Edelleute immer um sich
hätten [oder wenigstens am Hofe[36])] vier handfeste Männer,
welche mit guten und schnellen
Rossen ausgerüstet sind, um
sobald als der gen. Plan (die
Befreiung Maria's) ausgeführt werden soll, mit aller Eile (an den
Sammelplatz der Truppen) zu kommen und davon diejenigen zu
benachrichtigen, welche für
meinen Transport bestimmt sein

34) Zu den nun folgenden gesperrt gedruckten Stellen vgl. oben A. 30.
Die Begründung meiner Auffassung derselben s. unten im Exkurs zu diesem Briefe.

35) Vielmehr die (10) Edelleute, welche mit Babington laut Brief II Maria
aus der Haft befreien wollten; sechs ist, wie oben (s. A. 30), ein Zusatz des
Fälschers, um dieser Stelle eine Beziehung auf die Attentäter zu geben.

36) Die Interpolation dieses Sätzchens bezweckte, die Beziehung der Stelle
auf die Attentäter klarer hervortreten zu lassen; zu den nicht in Klammern gesetzten Worten vgl. Nau's und Curle's Geständnisse vom 21. September/1. Oktober
State Trials I S. 1219 f., in welche ebenfalls die Ziffer „sechs" eingeschmuggelt
wurde, s. A. 30 a. E., Anm. 46 a. E. und Exkurs zu diesem Brief N. 6. Weder
Nau's eigenhändiges französisches Concept, noch der „offizielle" englische Text
beider Geständnisse ist bisher nach dem Wortlaut veröffentlicht.

This is the plot which I find best for this enterprise, and the order whereby you should conduct the same for our common securities; for stirring on this side before you be well assured of sufficient foreign forces, it were but for nothing to put yourselves in danger of following the miserable fortune of such as have heretofore travailed in like occasions; and to take me forth of this place, unbeing before well assured to set me in the midst of a good army, or in some very good strength where I may safely stay on the assembly of your forces and arrival of the said foreign succours, it were sufficient cause given to that queen, in catching me again, to enclose me for ever in some hole,

werden[87]), zu dem Ende, damit sie unmittelbar darnach (nach der Meldung durch die Boten) am Platze meines Aufenthalts sein können, bevor mein Hüter Nachricht von der (beabsichtigten) Ausführung des gen. Planes (der Befreiung) haben kann, oder wenigstens bevor er sich in dem Hause verschanzen oder mich aus demselben fortschaffen kann. Es wäre nöthig, zwei oder drei der gen. Boten auf verschiedenen Wegen abzusenden, zu dem Ende, dass, wenn der eine verhaftet wird, der andere durchkommen kann, und in demselben Moment wäre es auch nöthig zu versuchen, die öffentlichen Landstrassen zu sperren.

Dies ist das Projekt[88]), das ich für diese Unternehmung als das beste erachte, und die Reihenfolge, in welcher Sie dieselbe zu unserer gemeinsamen Sicherheit ausführen sollen. Denn diesseits sich erheben, bevor Sie ausreichender fremder Mannschaft versichert sind, das hiesse nur, Sich für nichts in (die) Gefahr bringen, dem elenden Schicksal derer zu folgen, die früher bei ähnlichen Anlässen sich bemüht haben. Und mich von diesem Platz entführen, ehe Sie versichert sind, mich in die Mitte einer guten Armee oder in irgend eine sehr starke Festung zu bringen, wo ich wohlbehalten die Ansammlung Ihrer Streitkräfte und die Ankunft des erw. fremden Sukkurses abwarten kann, das hiesse nur,

---

37) Es wird hier zwischen den Edelleuten, welche Maria befreien sollen, und zwischen dem Trupp unterschieden, welcher Maria auf der Flucht (nach gelungener Befreiung) behufs Transports zu dem bereits versammelten Heere oder nach einer Festung (s. u.) als Bedeckung dienen soll.

38) Vgl. über den nun folgenden Passus m. W.: Der Rücklass der M. St., S. 105 f.

forth of the which I should never escape, if she did use me no worse, and to pursue with all extremity those that had assisted me, which would grieve me more than all the unhap might fall upon myself. And therefore must I needs yet once again admonish you so earnestly as I can, to look and take heed most carefully and vigilantly to compass and assure so well all that shall be necessary for effectuating of the said enterprise, as with the grace of God you may bring the same to happy end, remitting to the judgment of your principal friends on this side, with whom you have to deal herein, to ordain to conclude upon the present (which shall serve you only for an overture and proposition) as you shall amongst you find best. And to yourself in particular I refer to assure the gentlemen above mentioned of all that shall be requisite on my part for the entire execution of their goodwills. I leave also to your common resolutions to advise (in case their designment do not take hold as may happen) whether you will or not pursue my transport, and the execution of the rest of the enterprise. But, if the mishap should fall out that you might not come by me, being set in the Tower of London, or in any jener Königin hinreichenden Anlass geben, mich, indem sie mich wieder einfängt,[39]) für immer in irgend eine Höhle einzuschliessen, aus der ich nie wieder entrinnen würde, wenn sie mich nicht (noch) schlimmer behandeln würde (d. i. tödtete), und mit äusserster Strenge jene zu verfolgen, die mir Beistand geleistet hatten, was mich mehr grämen würde, als alles Unglück, welches auf mich selbst fallen möchte.[40]) Und darum muss ich Sie noch einmal so ernstlich, als ich kann, ermahnen, möglichst sorgfältig und wachsam darauf zu sehen und Acht zu geben, dass Sie alles, was zur Ausführung des gen. Unternehmens nothwendig sein wird, so gut erlangen und sichern, dass Sie mit der Gnade Gottes dasselbe zu einem glücklichen Ende bringen. Ich überlasse es dem Urtheil Ihrer vornehmsten diesseitigen Freunde, mit welchen Sie hierin zu verhandeln haben, über das gegenwärtige, welches Ihnen blos als Eröffnung und Vorschlag dienen soll, einen Beschluss anzuordnen, wie Sie ihn unter Sich am besten finden werden. Und Ihnen insbesondere trage ich auf, die obenerw. Edelleute alles dessen zu versichern, was von meiner Seite zur vollständigen Ausführung ihrer guten Absicht (der Befreiung Maria's) erforderlich sein

---

39) Dieses Sätzchen beweist schlagend, dass Maria nicht an die Ermordung Elisabeth's gedacht hat und dass die gravirenden (von mir in eckige Klammern gesetzten) Stellen des Briefes eben nur Zusätze des Fälschers sind, s. A. 38.

40) Aus dieser Aeusserung erhellt der edle Charakter der Schottenkönigin und nichts ehrt sie mehr, als die Thatsache, dass sie für ihre armen verfolgten Anhänger sich jederzeit auf's äusserste bemüht hat, um ihnen eine Unterstützung zu verschaffen, so für Morgan, die beiden Paget, Charles Arundel, Liggons, den Gr. v. Westmoreland u. a., die sie noch kurz vor ihrem Tode der Fürsorge Philipp's II. empfahl, s. Mendoza's Depesche an Philipp II. vom 24. Oktober 1587 (n. St.) bei Teulet, Relations V S. 503, vgl. oben Einl. A. 16 a. E. und m. W.: Der Rücklass der M. St., S. 114.

other strength with greater guard, yet notwithstanding leave not, for God's sake, to proceed in the enterprise, for I shall at any time die most contented understanding of your delivery forth of the servitude wherein you are holden as slaves. I shall essay, that the same time that the work shall be in hand in these parts, to make the Catholics of Scotland arise and to put my son in their band, to the effect that from thence our enemies here may not prevail of any succour. I would also that some stirring in Ireland were labouring for and to be begun some while before that anything were done here, to the end the alarm might be given thereby on the flat contrary side, that the stroke should come from. Your reasons to have some general head or chief are, me thinks, very pertinent, and there-

wird.[41]) Ich überlasse es auch Ihrer gemeinsamen Entschliessung zu überlegen, ob Sie, falls deren Vorhaben (die Ueberrumpelung Chartley's) nicht gelingt, wie es ja geschehen kann, meinen Transport und die Ausführung des Restes der Unternehmung (der Befreiung Maria's) weiter betreiben wollen, oder nicht. Doch, wenn das Unglück eintreten sollte, dass Sie nicht zu mir gelangen könnten, da ich in den Tower von London oder in eine andere Festung mit stärkerer Bewachung gesetzt wäre, so unterlassen Sie doch um Gotteswillen nichtsdestoweniger nicht, in der Unternehmung (der Invasion und Insurrektion) fortzufahren, denn ich werde zu jeder Zeit sehr zufrieden sterben, wenn ich höre, dass Sie aus der Knechtschaft, in der Sie wie Sklaven gehalten werden, glücklich befreit sind.[42]) Ich werde ver-

---

41) In dieser Stelle glaubte Bresslau a. a. O. S. 281 eine Antwort Maria's auf Babington's Worte in Brief II (s. o.): „It rests that according to their infinite good deserts — and that so much I may be able, by your Majesty's authority, to assure them" zu erblicken. Der Unterschied beider Stellen ist augenfällig. Während Babington von der Belohnung der Attentäter ev. in ihrer Nachkommenschaft redet, spricht Maria vielmehr von ihrer eigenen Mitwirkung zur vollständigen Ausführung der Absichten der Verschworenen; vgl. übrigens A. 20.

42) S. A. 40. Gemeint ist die tyrannische Behandlung, welche die Katholiken zu jener Zeit in England erfuhren. Wenige Jahre vor dem Beginn dieser Conspiration hatte das englische Parlament die Strafen, welche katholische Priester und die Recusanten treffen sollten, verschärft, s. A. Bellesheim, Wilhelm Cardinal Allen S. 80 f., Lingard VI S. 375 f. Ueber die von Cecil veranstaltete Priesterhetze hat Lingard VI S. 687 f. in einer besonderen Note gehandelt; Bellesheim gibt (a. a. O. S. 284 f.) ein Verzeichnis von nicht weniger als 135 Zöglingen des englischen Seminars in Douay, welche von 1577—1618 den Martertod in England erlitten, wie 42 Mitglieder des englischen Seminars in Rom (ibid. S. 275 f., vgl. S. 70 A. 3). Ueber die gegen die Katholiken angewandten Folterwerkzeuge und die barbarische Hinrichtung der Margarethe Middleton, welche kein anderes Verbrechen begangen hatte, als dass sie einen Priester als Lehrer beherbergte, vgl. Lingard VI S. 688 f. Einen drastischen Fall von Misshandlung eines Katholiken erzählt Maria selbst bei Laban. VI S. 152 u. 157. Maria hoffte durch eine Intervention Spaniens werde die katholische Religion in England wieder hergestellt werden, s. A. 28 u. 29.

fore were it good to sound obscurely
for the purpose the Earl of Arundel
or some of his brethren, and like-
wise to seek upon the young Earl
of Northumberland if he be at liberty. From over sea the Earl of
Westmoreland may be had, whose
house and name may much, you
know, in the north part; as also
the Lord Paget, of good ability in
some shires hereabouts. Both the
one and the other may be brought
home secretly, amongst which some
mo of the principal banished may
return, if the enterprise be once
resolute. The said Lord Paget is
now in Spain, and may treat there
all which by his brother Charles,
or directly by himself, you will
commit unto him, touching this
affair. Beware that none of your
messengers whom you send forth
of the realm carry over any letters

suchen, in derselben Zeit, wo das
Werk in diesen (Landes-) Theilen
unternommen werden wird, die Katholiken Schottlands zur Erhebung
zu bringen und meinen Sohn in
ihre Gewalt zu geben, damit von
dort unsere hiesigen Feinde keinen
Sukkurs erhalten. Ich wünschte auch,
dass ein Aufstand in Irland in's Werk
gesetzt und begonnen würde, einige
Zeit ehe hier etwas geschehen wäre,
damit hiedurch auf einer Seite Allarm
gemacht würde, welche derjenigen,
von wo der Streich kommen soll,
ganz entgegengesetzt ist. Ihre Gründe,
ein Oberhaupt oder einen Chef zu
haben, scheinen mir sehr zutreffend
und darum wäre es gut, zu dem
Zweck insgeheim den Graf v. Arundel
oder einen seiner Brüder auszuforschen und gleicherweise nach dem
jungen Graf v. Northumberland zu
spähen, wenn er in Freiheit ist.[43])

---

43) Als diese Stelle des Briefes beim Verhöre zu Fotheringay verlesen
wurde, brach Maria zuerst in Thränen aus und sagte: Ach, was hat diese edle
Haus der Howards um meinetwillen gelitten! — Man denke an den Herzog Thomas von Norfolk, der wegen seines Versuches eine Heirat mit Maria Stuart einzugehen am 2. Juni 1572 hingerichtet wurde; ferner an dessen ältesten Sohn
Philipp, Graf von Arundel, der wegen seiner Hinneigung zum Katholicismus, als
er eben nach Frankreich fliehen wollte, im April 1585 verhaftet und im Tower
gefangen gesetzt wurde. Erst im Jahre 1589 wurde ihm der Process gemacht
und unter anderem auch diese Stelle unseres Briefes als Beweis gegen ihn vor-
gebracht, s. State Trials I S. 1255 u. 1261. Er verließ den Tower nicht wieder
und starb darin am 19/29. Oktober 1595 angeblich eines natürlichen Todes. Von
der Geduld, mit welcher er sein herbes Schicksal ertrug, zeugen die beiden In-
schriften, welche noch heute, in die Wand seines Kerkers eingegraben, im Tower
gezeigt werden (s. A. F. Rio Philipp Howard, Graf v. Arundel, in der Sammlung
historischer Bildnisse, Freiburg 1857, S. 37 f.); sie stammen aus dem J. 1587. —
Nachdem Maria ihre Thränen getrocknet hatte, sprach sie: Babington möge be-
kennen was er wolle, aber es sei eine offenbare Lüge, dass sie solche Mittel zur
Flucht ersonnen habe; ihre Gegner hätten leicht die Chiffren, deren sie sich
anderen gegenüber bedient habe, sich verschaffen und damit manche Dinge fälsch-
lich schreiben können. Es sei nicht wahrscheinlich, dass sie Arundel's Hilfe in
Anspruch nehmen wollte, da sie wusste, dass er in Haft sei (vgl. Maria's Trost-
brief an die Gräfin von Arundel bei Laban. VI S. 190 f.), oder Northumberland's,
der noch sehr jung und ihr unbekannt war, s. State Trials I S. 1177 nach Camden,
Annales I S. 424.

upon themselves; but make their despatches be conveyed either after or before them by some others. Take heed of spies and false brethren that are amongst you, especially of some priests, already practised by our enemies for your discovery, and in any wise keep never any paper about you that in any sort may do harm; for from like errors have come the only condemnation of all such as have suffered heretofore, against whom could there otherwise have been nothing provided. Discover as little as you can, your names and intentions to the French ambassador now lieger at London; for although he be, as I understand, a very honest gentleman of good conscience and religion, yet fear I that his master entertains with that queen a course far contrary to our designments, which may move him to cross us, if it should happen he had any particular knowledge thereof.

Von jenseits des Meeres mag der Graf v. Westmoreland erhalten werden, dessen Haus und Name, wie Sie wissen, in den nördlichen Theilen viel vermag; wie auch der Lord Paget, der in einigen Grafschaften hier herum grossen Einfluss hat. Beide, der eine wie der andere, mögen insgeheim heimgebracht werden, nebst ihnen mögen noch mehrere (andere) von den vornehmsten Verbannten zurückkehren, wenn die Unternehmung einmal beschlossen ist. Der gen. Lord Paget ist jetzt in Spanien und mag dort alles besorgen, was Sie ihm durch seinen Bruder Charles oder direkt durch ihn selbst betreffs dieser Angelegenheit anvertrauen wollen. Geben Sie Acht, dass keiner von Ihren Boten, den Sie aus dem Königreich schicken, irgendwelche Briefe mit sich über's Meer führt, sondern lassen Sie deren Depeschen durch irgendwen anders nach oder vor ihnen besorgen. Hüten Sie Sich vor Spionen und falschen Brüdern, die unter Ihnen sind, vornehmlich vor gewissen Priestern, die bereits durch unsere Feinde zu Ihrer Entdeckung verwendet werden, und bewahren Sie, wo möglich, niemals ein Papier bei Sich, das auf irgend eine Art Unheil stiften könnte. Denn aus ähnlichen Versehen allein ist die Verurtheilung aller derjenigen erfolgt, welche früher (den Tod) gelitten haben, gegen die sonst nichts vorgesehen werden konnte.[44]). Entdecken Sie sowenig als möglich Ihre Namen und Absichten dem französischen Gesandten, der jetzt in London zuständig ist, denn obwohl er, soviel ich weiss, ein sehr rechtschaffener Mann von gutem Gewissen und von Religion ist, so fürchte ich doch, dass sein Gebieter mit dieser

[44] z. B. der Jesuit William Creighton, Sir Francis Throckmorton, Henry Percy, Gr. v. Northumberland u. a.

All this while past I have sued to change and remove from this house, and for answer the castle of Dudley only has been named to serve the turn, so as by appearance within the end of this summer I may go thither. Wherefore advise as soon as I shall be there what provision may be had about that part for my escape from thence. If I stay here, there is for that purpose but one of these three means following to be looked.

The 1st, that at one certain day appointed, in my walking abroad on horseback on the moors, betwixt this

Königin einen unseren Absichten ganz entgegengesetzten Kurs (in der Politik) einhält, welche ihn veranlassen mag, uns, wenn er nähere Kenntnis davon haben sollte, entgegenzuarbeiten.[45]

Während dieser ganzen letzten Zeit habe ich gebeten, aus diesem Haus entfernt und fortgebracht zu werden, und als Antwort wurde mir nur das Schloss Dudley als zweckentsprechend genannt, so dass ich wahrscheinlich gegen Ende dieses Sommers dorthin gehen werde. Darum überlegen Sie, sobald als ich dort sein werde, welche Vorkehrungen in jener Gegend herum zu meiner Flucht von dort getroffen werden können. Wenn ich hier bleibe, ist zu diesem Zweck nur eines von folgenden drei Mitteln zu erwägen.

Das erste ist, dass an einem bestimmt festgesetzten Tage bei meinem Ausreiten über die Moore[46] zwischen

---

45) Vgl. Einl. A. 38. Heinrich III. wollte weder die Guisen, noch Philipp II. von Spanien, auf den Maria ihre Hoffnung setzte, zu mächtig werden lassen.

46) Vgl. über den Gesundheitszustand Maria's um jene Zeit den Brief Poulet's an Walsingham vom 3/13. Juni 1586: „This Queen hath now gotten a little strength, so as she goeth sometimes abroad in the coach, and at other times is carried in her chair to one of the ponds adjoining to this house to see duckhunting, but is yet able to go very little, and not without help of either side", s. Morris S. 201; ibid. S. 209 Ders. an ebendens. 17/27. Juni: „This Queen, willing to recover her desperate lameness hath taken much physic of late, wherewith she is now faint and weak". In einem wahrscheinlich aus dem Anfang des Juli stammenden Briefe (da die kurzen Nächte und Gifford's Anwesenheit, der im Juli nach Chartley kam, um die Treue des Bräuers und des second messenger zu erproben, s. seinen Brief an Philipps vom 7/17. Juli bei Morgan S. 216 f., darin erwähnt sind) sagt Poulet: This Queen hath not gone out of her chamber this month and is yet troubled with defluxions in divers parts. . . . It is true that this Queen hath in every of her legs an issue, which as they say, is her last remedy. I found her lying on her bed, s. Morris S. 197; vgl. noch ibid. S. 52, 77 f. 81, 97, 137, 139, 203 etc. Schon in Tutbury hatte Poulet strengste Befehle erhalten, Maria keinen Ausritt auf mehr als zwei Meilen vom Schlosse und nur in Begleitung seiner Harquebusiere zu gestatten, s. Poulet's eigene Worte bei Morris S. 53. — Zum Folgenden vgl. die Worte Nau's am Schlusse seines Geständnisses vom 5./15. Sept. (bei Morris S. 230 A. 1): „Quant a la lettre escripte a Babington sa Majesté me la bailla pour la pluspart escripte de sa main, et j'ay rien faict

and Stafford, where ordinarily, you know, very few people do pass, a fifty or three score men, well horsed and armed, come to take me there, as they may easily, my keeper having with him ordinarily but eigtheen or twenty horsemen, armed only with dags.

The 2ᵈ means is to come at midnight or soon after to set fire in the barns and stables, which, you know, are near to the house, and whilst that my guardian his servants shall run forth to the fire, your company (having every one a mark whereby they may know one another under night) might surprise the house, where I hope, with the few servants I have about me, I were able to give you correspondence.

And the 3ᵈ, some that bring carts hither, ordinarily coming early in the morning, their carts might be so prepared and with such cartleaders, that, being just in the midst of the great gate, the carts might fall down or overthrow, and that thereupon you might come suddenly with your followers and make yourselves master of the house and carry me suddenly away. So you might do easily before any number of soldiers (who lodge in sundry places forth of this place, some a half mile and some a whole mile off) could come to the relief.

Whatsoever issue the matter takes,

hier und Stafford, wo, wie Sie wissen, gewöhnlich nur sehr wenig Leute verkehren, 50 oder 60 Mann, gut beritten und bewaffnet, mich dort zu ergreifen kommen, wie sie es leicht können, da mein Hüter gewöhnlich nur 18 oder 20 Reiter, die nur mit Pistolen bewaffnet sind, bei sich hat.

Das zweite Mittel ist, um Mitternacht oder bald darnach zu kommen, um Feuer in die Scheunen und Ställe, welche, wie Sie wissen, nahe am Hause sind, zu werfen und während meines Wächters Diener zum Feuer hinauslaufen werden, könnten Ihre Begleiter, von denen jeder ein Zeichen hat, woran sie einander zur Nachtzeit erkennen können, das Haus überrumpeln, wo ich hoffe, mit den wenigen Dienern, die ich um mich habe, im Stande zu sein, Ihnen Antwort zu geben.

Und das dritte: Da die Leute, welche Karren hieher bringen, gewöhnlich früh morgens kommen, so könnten ihre Karren so hergerichtet und mit solchen Fuhrleuten besetzt werden, dass, wenn sie gerade in der Mitte des grossen Thores angelangt sind, die Karren zusammenbrechen oder umschlagen und dass Sie daraufhin plötzlich mit 'Ihren Begleitern kommen und Sich des Hauses bemächtigen und mich plötzlich hinwegschaffen. So vermögen Sie leicht zu thun, bevor ein Trupp Soldaten, welche an mehreren Plätzen ausserhalb dieses Platzes, die einen eine halbe Meile, die anderen eine ganze Meile entfernt stationirt sind, zu Hülfe kommen kann.

Welchen Ausgang die Sache nehmen

ny escript, comme j'ai protesté, sans son expres commandement et specialement touchant le point de son eschapper, et mettant la feu aux granges près de la mayson.‘ Ueber die Beweiskraft dieser Stelle s. den Exkurs zu diesem Brief N. 4; vgl. ferner Curle's Geständniss vom 21. Sept./1. Okt. State Trials I. S. 1220 und oben A 30 a. E.

I do, and will, think myself obliged as long as I live towards you for the offers you make to hazard yourself as you do for my delivery; and by any means that ever I may have, I shall do my endeavour to recompense by effects your deserts herein. I have commanded a more complete alphabet to be made for you, which herewith you will receive. God Almighty have you in protection.

Your most assured friend for ever etc.

Fail not to burn this present quickly.

mag: Ich halte mich Ihnen und werde mich Ihnen immer, solange als ich lebe, für Ihr Anerbieten, Ihr Leben zu gefährden, wie Sie es um meiner Befreiung willen thun, für verpflichtet halten und mit allen Mitteln, die ich jemals haben werde, werde ich mich bemühen, Ihr Verdienst hierin durch Thaten zu belohnen. Ich habe ein vollständigeres Alphabet für Sie machen lassen,[47]) welches Sie hiemit erhalten werden. Der allmächtige Gott möge Sie beschützen!

Ihre treueste Freundin für immer etc.

Versäumen Sie nicht, dieses Gegenwärtige schnell zu verbrennen.[48])

## Postscriptum.[49])

I wold be glad to knowe the names and qualities of the sixe

Es würde mich freuen, Namen und Stand der [sechs][50]) Edelleute,

---

47) Nau's eigenhändiges Chiffrenalphabet zu diesem Briefe ist noch heute erhalten, s. m. W.: Der Rücklass der M. St. S. 101 A. 23, vgl. Philipps' Summary vom 4/14. Sept. bei Tytler VIII S. 450, Curle's Revers vom 6. August 1587 bei Lingard VI S. 703.

48) Curle bekannte die Concepte zu diesem Brief und Babington's langen Brief auf Maria's Befehl verbrannt zu haben, s. State Trials I S. 1220 u. 1228; vgl. m. W.: Der Rücklass der M. St. S. 99 A. 13. Auch Babington ist jedenfalls ihrer Aufforderung nachgekommen, denn beim Prozesse gegen Maria zu Fotheringay 14/24. u. 15/25. Okt. und bei dessen Revision in der Sternkammer 25. Okt./4. Nov. 'lagen nur Entzifferungen von Thomas Philipps vor, s. m. W.: Der Rücklass der M. St. S. 102 f. (vgl. über Philipps Einl. A. 18). Ob die sog. "heads" oder "notes" von Nau's Hand, welche Philipps' Summary vom 4/14. Sept. erwähnt (s. Tytler VIII S. 450, vgl. State Trials I S. 1219) und die noch heute erhalten sind (abgedr. bei Morris S. 230 A. 1), in näherer Beziehung zu unserem Briefe stehen, darf mit Recht bezweifelt werden, s. m. W.: Der Rücklass der M. St. S. 101 A. 24.

49) Dieses Postscript ist nach dem chiffrirten Original (?) von Curle's (?) Hand im St. P. O. Mary Q. of Scots vol. 18 n. 55, gedr. bei Tytler VIII S. 326 f., Laban. VI S. 395 f., Bresslau u. a. O. S. 289. Schon Camden, Annales I S. 408 gedenkt desselben, in dem Prozessprotokoll (State Trials I S. 1211 f.) dagegen geschieht davon auffallender Weise nirgends Erwähnung. Auch Philipps Summary vom 4/14. Sept. bei Tytler VIII S. 447 f. und S. 449 f. übergeht es mit Stillschweigen, während alle anderen zu Chartley aufgefundenen Originalentwürfe von Nau's und Curle's Hand darin aufgeführt werden, und obwohl das Postscript eine Dorsualnotiz von Philipps' Hand trägt.

50) Ueber diese Interpolation vgl. oben A. 30 u. 35 und den Excurs zu diesem Briefe.

gentlemen which are to acomplish the designement, for that it mai be I shal be able upon knowledge of the parties to give you some further advice necessarie to be followed (therein?) *and even so do I wish to be mad acquainted with the names of all soub (such?) principall persons as also who be alredie as also who be as also from time to time, particularlie, how you procede, and as sone as you mai, for the same purpose, who be alredie, and how far everi one privie here unto.*

welche den Plan (die Befreiung Maria's) ausführen werden, zu erfahren, da es sein kann, dass ich im Stande sein werde, nach Kenntnis der Parteien Ihnen einen weiteren nothwendig (hierin) zu befolgenden Rath zu geben, und ebenso wünsche ich mit den Namen aller solcher Hauptpersonen bekannt gemacht zu werden, sowohl derer, welche bereits (eingeweiht) sind, als auch derer, welche[51]) als auch von Zeit zu Zeit im einzelnen: wie Sie vorgeben und, sobald als Sie können, zu demselben Zweck: welche bereits und wie weit ein jeder hierin eingeweiht ist.

Wenige Tage, nachdem Babington diesen Brief erhalten hatte, wurde Ballard durch Maude denunzirt und Babington fand eben noch Zeit, Maria in einem Schreiben vom 3. August von diesem Ereignis und von der grossen Gefahr, in der sie alle schwebten, Nachricht zu geben.

### Babington an Maria Stuart.[52])

(= Brief IV.)

(London 3/13. August 1586.)

Your letters I received not until the 29th of July. The cause was my absence from Lichfield contrary

Ihren Brief[53]) erhielt ich nicht vor dem 29. Juli (a. St.). Der Grund war meine Abwesenheit von Lichfield

---

51) Die gesperrt gedruckte Stelle ist im Original durchstrichen. Daraus scheint hervorzugehen, dass es wohl nur ein Rohentwurf war, der an Babington kaum abgesendet, sondern in Chartley mit anderen Papieren beschlagnahmt wurde. Entgegen meiner früheren Auffassung in m. W.: Der Rücklass der M. St. S. 102 A. 25 halte ich das Postscript, abgesehen von der Interpolation der Ziffer sechs (s. oben A. 50) nunmehr für echt; denn es ist kaum glaublich, dass Philipps eine so ungeschickte Fälschung zu den Akten (s. A. 49) gegeben habe.

52) Dieser Brief ist nach den (drei) Copien der Entzifferung von Philipps im State Paper Office Mary Q. of Scots vol. 19 n. 10—12 (auch eine französische Uebersetzung ist ibid. n. 9 vorhanden) gedr. von Breslau a. a. O. S. 318. Ob Maria ihn noch erhielt, ist fraglich, da er nirgends im Hardwickeprotokoll erwähnt wird.

53) d. i. Maria's Brief vom 17/27. Juli; der Plural letters (= litterae) wird in Schriften jener Zeit oft für den Singular gebraucht.

4*

to promise. How dangerous the cause thereof was, by my next letters shall be imparted. In the meantime, your Majesty may understand that one Maude, that came out of France with Ballard, who came from Mendoza concerning this affair, is discovered to be for this state. Ballard acquainted him with the cause of his coming and has employed him of late into Scotland with Lords, by whose treachery unto my extreme danger myself have been, and the whole plot is like to be brought. And by what means we have in part prevented, and purpose by God's assistance to redress the rest, your Majesty shall be by my next informed. Till when, my Sovereign, for His sake who preserves your Majesty for our common good, dismay not neither doubt of happy issue. It is God's cause, the church's, and your Majesty's, an enterprise honourable before God and man, undertaken upon zeal and devotion, free from all ambition and temporal regard, and therefore no doubt will succeed happily. We have vowed, and we will perform, or die. What is holden of your propositions together with our final determinations, my next shall discover. In the meantime, resting infinitely bound to your Highness for the great confidence it has pleased you to repose in me, which to deserve by all faithful service I vow before the

entgegen meinem Versprechen. [54]) Welche Gefahr diese verursachte, soll Ihnen durch meinen nächsten Brief [55]) mitgetheilt werden. Inzwischen möge Ew. M. vernehmen, dass ein gewisser Maude, welcher mit dem von Mendoza in dieser Angelegenheit gesandten Ballard aus Frankreich kam, als ein Parteigänger dieses Staates (England) erkannt worden ist. Ballard machte ihn mit dem Grund seines Kommens bekannt und hat ihn kürzlich nach Schottland zu den Lords geschickt; [56]) durch seine Verrätherei habe ich selbst in Lebensgefahr geschwebt, und der ganze Plan ist nahe daran, an's Licht zu kommen. Und durch welche Mittel wir theilweise (das Unheil) abgewendet haben [57]) und mit Gottes Beistand das Uebrige gut zu machen gedenken, [58]) darüber soll Ew. M. durch mein nächstes (Schreiben) informirt werden. Bis dahin erschrecken Sie nicht, meine Gebieterin, um Seinetwillen, der Ew. M. zu unserem allgemeinen Besten beschützt, noch verzweifeln Sie an dem glücklichen Ausgang. Es ist die Sache Gottes, der Kirche und Ew. M., eine ehrenvolle Unternehmung vor Gott und den Menschen, unternommen mit Eifer und Ergebung, frei von aller Ehrsucht und weltlicher Rücksicht und darum wird sie ohne Zweifel glücklich gelingen. Wir haben (es) gelobt und wir werden es zu Ende führen, oder sterben. [59]) Was von

54) S. Babington's ersten Brief an Maria oben A. 21.

55) Noch ehe Babington diesem Versprechen nachkommen konnte, sah er sich genöthigt, an seine eigene Sicherheit zu denken.

56) S. oben Einl. A. 37.

57) Durch Ballard's Selbstangabe und scheinbares Angebot in einem Briefe an Walsingham, alles zu enthüllen, s. State Trials I S. 1153.

58) Durch schleunige Ermordung Elisabeth's? s. State Trials I S. 1131.

59) S. oben A. 15.

face of our Lord Jesus, whom I beseech to grant your Majesty a long and prosperous reign, and us happy success in these our virtuous enterprises.

London this third of August 1586.

Anthony Babington.

Ihren Vorschlägen [60]) zusammen mit unseren endgültigen Entschlüssen gehalten wird, soll mein nächstes enthüllen. Inzwischen, indem ich Ew. H. unendlich verbunden bleibe für das grosse Zutrauen, das Sie in mich zu setzen geruht haben, und das ich durch jeden treuen Dienst verdienen will, wie ich vor dem Angesicht unseres Herrn Jesus gelobe, den ich bitte, Ew. M. eine lange und gedeihliche Regierung zu gewähren und uns einen günstigen Erfolg in diesen unseren tugendhaften Unternehmungen.

London diesen 3. August 1585.

Anthony Babington.

Donnerstag 4. August 11 Uhr wurde Ballard, der vergeblich in Verkleidung zu entkommen gesucht hatte, verhaftet (s. State Trials I S. 1138). In seiner Angst griff Babington zu dem verzweifelten Mittel, sich zum Scheine selbst bei Walsingham als Spion anzubieten. Als er aber merkte, dass er strenge überwacht werde, beschloss er zu fliehen und bewerkstelligte seine Flucht durch eine List (s. Camden, Annales I S. 409). Nachdem er von Robert Gage Gewand entlehnt hatte, entwich er mit diesem, Robert Barnwell und Henry Donn am 5. August in das Innere eines Waldes in der Nähe von London (St. Johns Wood). Hier hielten sie sich verborgen, bis sie durch Mangel an Lebensmitteln gezwungen wurden, bei einem Pächter Jerome Bellamy zu Harrow on the Hill in derselben Grafschaft Middlesex Obdach und Nahrung zu suchen die ihnen derselbe aus Mitleid gewährte. Aber bereits waren die Namen sämmtlicher Verschworener öffentlich bekannt gemacht und die Häfen besetzt worden, um ihr Entkommen zu verhindern. Bei einer Hausdurchsuchung wurden die obengenannten in einer Scheune versteckt gefunden und mit Bellamy, dessen Gattin und Bruder gefänglich eingezogen. Salisbury, dem Jones ein Pferd geliehen hatte, wurde mit Travers auf der Flucht ergriffen, ebenso die übrigen (nur Ned Windsor entkam und der Günstling des Rawleigh, s. Mendoza's Brief an Philipp II. vom 10. Sept. n. St. bei Teulet, Relations V S. 392). Nach kurzem Prozess zu Westminster am 13., 14. und 15. September wurden sie am 20. und 21. September in zwei Abtheilungen zu je 7 (darunter

---

60) S. Brief III oben S. 38 f.

Bellamy und Gage) zu St. Giles in the Fields, dem Ort ihrer Zusammenkünfte, in grauenvoller Weise hingerichtet (s. über den Prozess State
Trials I S. 1127 f. und 1141 f. über ihre Hinrichtung ibid. S. 1156 f.
und 1158 f.). Des Pächters Bellamy Gattin Katharina wurde nur darum
freigelassen, weil sie unter dem falschen Namen Elisabeth vorgeladen
war (s. State Trials I S. 1141). Sein Bruder dagegen starb im Gefängnis (s. Camden I S. 412). Am 16. August wurde Maria unter dem Vorwand einer Hirschjagd nach Tixall gelockt (s. Einl. A. 42), unterwegs
ihre Sekretäre Nau und Curle verhaftet, ihre Briefschaften während
ihrer Abwesenheit in Chartley beschlagnahmt und in (3) Koffern nach
London geschleppt, welche daselbst in Gegenwart Elisabeth's und von
sechs Mitgliedern des Geheimen Raths entsiegelt und auf ihren Inhalt
geprüft wurden. Am 3., 5. und 21. September fanden die Verhöre
Nau's und Curle's statt; am 14. und 15. Oktober wurde Maria selbst
durch eine von Elisabeth eingesetzte Commission zu Fotheringay (wohin
sie am 25. September verbracht worden war) über die oben abgedruckten
Briefe — welche nur in Philipps' Entzifferung vorlagen — auf Grund
der Aussagen von Babington, Nau und Curle vernommen. Am 25. Oktober fand eine Rekapitulation des Prozesses in der Sternkammer zu
Westminster statt, und, nachdem Nau und Curle nochmals auf ihre
Aussagen vereidigt worden waren, wurde das Schuldig über Maria aus-
gesprochen. Schon am 19. November liess Elisabeth Maria durch Lord
Buckhurst und Beale von diesem Urtheile in Kenntnis setzen, zögerte
aber trotz der wiederholten Petitionen der beiden Häuser des Parlaments
um schleunigste Hinrichtung Maria's mit der Unterzeichnung des Ur-
theils bis zum 1. Februar 1587, an welchem Tage der Befehl zur Hinrichtung unter dem grossen Siegel Englands ausgefertigt wurde. Mitt-
woch 8. Februar 1587 um 11 Uhr Vormittags fand endlich die Hinrichtung der unglücklichen Schottenkönigin statt.

### Exkurs über Maria Stuart's Brief an Anthony Babington vom 17/27. Juli 1586.

Ich fasse hier noch einmal kurz die einzelnen Gründe zusammen,
welche mich und andere vor mir zur Verwerfung der „gravirenden"
Stellen dieses Briefes, aus welchen bisher Maria's Einwilligung zum
Attentat auf das Leben der Elisabeth leichtfertig gefolgert wurde, veranlasst haben.

Es sind folgeude:

1) Die Echtheit dieser Stellen ist wesentlich bedingt durch die Echtheit der entsprechenden Stellen des langen Babingtonbriefes (= Brief II). Da aber die letztere mit guten Gründen angefochten ist (s. o. A. 14, 17, 20), so muss jene noch viel traglicher erscheinen. Denn, wie die in Entzifferungen erhaltenen Briefe Morgan's, Pagets u. a. an Maria beweisen und Nau in seinem Memoire vom 10. September bestätigt (s. Laban. VII S. 207), hat Maria ihre Kenntnis der Details der Conspiration der englichen Katholiken durch Babington erhalten. Sprach aber Babington gar nicht von dem Attentate und den sechs Edelleuten — Attentätern, so konnte auch Maria unmöglich auf diesen „dritten Punkt", der ihr völlig unbekannt war, erwidern.

2) Umgekehrt folgt aus der Echtheit der gravirenden Stellen des langen Babingtonbriefes noch lange nicht die Echtheit der entsprechenden Stellen des Briefes III. Vielmehr musste die selbst von den Gegnern anerkannte Klugkeit der Schottenkönigin verbieten auf jene dunkle Anspielungen näher einzugehen, zumal sie, eine Gefangene, 24 d. M. von London entfernt, weder Rath noch Beistand dabei zu leisten vermochte.

3) Nicht nur Maria, auch Nau und Curle haben jede Einmischung in den „dritten Punkt" bis an's Lebensende feierlich in Abrede gestellt, s. Einl. A. 49 und 50. Bisher aber ist es noch nicht gelungen, Maria oder einen ihrer Sekretäre auch nur in einem einzigen Falle einer bewussten Unwahrheit zu überführen.

4) In keinem einzigen der zahlreichen Briefen, welche Maria gleichzeitig an ihre intimsten Freunde: Morgan, Paget u. a., die alle Mitwisser um die Pläne der englischen Katholiken waren, schrieb, ist auch nur die leiseste Anspielung auf das Attentat zu finden. Dass auch Maria's Brief an Babington vom 17. Juli keine solche enthielt, beweisen auf's schlagendste die Schlussworte Nau's in seiner „Confession" vom 5. September 1586 (s. o. A. 46 a. E.). Denn hier musste Nau von diesen gravirenden Stellen sprechen, wie Morris S. 229 richtig bemerkt, schon um die Verantwortung dafür von sich abzuwälzen. Gewiss waren dieselben auch in der von Nau am 6. September, also Tags darauf, unterschriebenen Copie des gen. Briefes ursprünglich gar nicht enthalten, vgl. noch oben A. 30 a. E. (Curle's und Nau's Geständnisse vom 21. September).

5) Der gegenwärtige Wortlaut jener Stellen steht in offenbarem Widerspruch mit dem nachfolgenden Inhalt des Briefes (s. o. A. 38 u. 39). Dieser Widerspruch kann nur dann gelöst werden, wenn jene nicht von dem Attentat auf das Leben Elisabeth's, sondern von der Befreiung

Maria's, mit anderen Worten: nicht von den (sechs) Edelleuten-Attentätern, sondern von den (zehn) adeligen Genossen Babington's, welche zu dem Ueberfall auf Chartley eidlich ihre Mitwirkung gelobt hatten, verstanden werden.

6) Die Absicht des englischen Cabinets, Maria zu verderben, die Arglist, mit welcher zu diesem Zweck ein förmliches Spionagesystem eingerichtet wurde, die Nichtswürdigkeit der dabei verwendeten Agenten (Gifford's, des Professionsfälschers Philipps, Poley's, Maude's) sind von allen Forschern anerkannt. Sie machen aber die Annahme einer Fälschung um so wahrscheinlicher, als die Prüfung der — nach Form und Inhalt mangelhaften — Beweise eine äusserst oberflächliche, die Auslegung der Briefstellen eine durchaus willkürliche war. Zudem war die Interpolation des Wörtchens „six", welche den ursprünglichen Sinn total veränderte, ohne Mühe zu bewerkstelligen, da es vermuthlich mit Ziffern geschrieben ward; sie mochte selbst nach Unterzeichnung des Briefes durch Babington, Nau und Curle und vor Beginn der Verhandlung zu Fotheringay, wo jener Maria vorgelegt ward, d. i. zwischen dem 6. September und 14. Oktober noch leicht vorgenommen werden.

Da Babington und seine Complicen, als Maria verhört wurde, bereits hingerichtet waren, Nau und Curle aber niemals mit ihr confrontirt und Copien des Briefes ihr verweigert wurden, so konnte der wahre Sachverhalt niemals constatirt werden.

7) Die selbst von Poulet bewunderte stolze Haltung und staunenswerthe Fassung, welche Maria nicht nur in der Gerichtsverhandlung zu Fotheringay am 14. und 15. Oktober, sondern auch bei und nach der Anhörung des Todesurtheils am 19. November, endlich in den letzten 24 Stunden vor ihrer Hinrichtung bewahrte, die grosse Zuversicht auf Gottes Gerechtigkeit, welche sich in ihren letzten Briefen ausspricht, beweisen, dass sie sich keiner verbrecherischen Absicht und Gesinnung bewusst war.

8) Die neuere Forschung hat Maria's Sittenreinheit und vollkommene Unschuld an früher ihr zur Last gelegten Verbrechen — Ermordung Darnley's, Buhlschaft mit Riccio und Bothwell zu Lebzeiten ihres Gatten — dargethan, so dass auch eine günstige Präsumption für ihr ferneres Verhalten geboten ist.

Damit aber der Leser klare Einsicht darüber gewinne, was an jenem Briefwechsel für echt, was für unecht zu halten sei, soll ihm im Folgenden die übrige gleichzeitige Correspondenz Maria's — mit Morgan, Paget, Mendoza, Beaton, Englefield — soweit sie auf die politischen Verhältnisse und die Pläne der Verschworenen Bezug nimmt, in ihrem

englischen bezw. französischen Wortlaut nebst deutscher Uebersetzung
mitgetheilt werden. Wohl sind die Texte derselben nur in Entzifferungen
(von Philipps) erhalten (gedr. bei Labanoff), aber ihre Echtheit zu bestreiten ist um so weniger Grund vorhanden, als sie auf's Beste unter
sich und mit unserem Briefe übereinstimmen. N. I und II sind noch
vor Beginn des Babington'schen Complots, die übrigen Schriftstücke
(N. III—VII) nach Maria's zweitem Brief an Babington (= Brief III)
entstanden. Da sie sämmtlich zu Fotheringay und in der Sternkammer
zu Westminster vorgelegt wurden (s. State Trials I S. 1184 f. u. S. 1221 f.),
lernt der Leser hiemit zugleich einen grossen Theil des „Beweismaterials"
gegen Maria kennen.

# Anhang.

## Maria Stuart an Charles Paget.

(s. Laban. VI S. 313 f.)

Chartley 20/30. Mai 1586.

With an infinite nomber of other letters in cifar, I receaved five of yowrs dated the 14th of januarye, sixteenth of may, 24th and last of july 1585, and 4th of februarye 1586. But for theyr late arrivall here and all at once, it hath not bene possible for me to see them all disciphered; and I have bene, since the departure from Wingfield so wholye withowt all intelligence of forayne affayres as not knowing the present state thereof it is very difficile for my to establish any certayne course for restablishing of the same on this side; and me thinke I can see no other meanes to that ende except the K. of Spayne now being pricked in his particular by the attempt made on Holland and the cowrse of Drake, wold take revenge of the Q. of Englande whiles France, occupied as it is, cannot helpe Her, whereof I desire that yow shold essay eyther by the Lord Paget during his abode in Spayne or by the spanish embassador to discover clerelye if the sayd K. of Spayne hath intention to sett on Englande as it semeth to me to be the surest and redyest way for him whereby to ridde him

Mit einer unendlichen Zahl anderer Briefe in Chiffre erhielt ich fünf der Ihrigen datirt 14. Januar, 16. Mai, 24. und letzten Juli 1585 und 4. Februar 1586. Aber wegen ihres späten und gleichzeitigen Eintreffens dahier war es mir nicht möglich, sie alle entziffert zu sehen, und ich bin seit meiner Abreise von Wingfield (s. Einl. A. 14) so gänzlich ohne alle Kunde von den auswärtigen Angelegenheiten gewesen, dass es, da ich den gegenwärtigen Stand derselben nicht kenne, für mich sehr schwierig ist, einen bestimmten Kurs (in der Politik) zur Wiederaufrichtung der diesseitigen einzuschlagen. Und meiner Ansicht nach sehe ich kein anderes Mittel zur Erreichung dieses Zweckes, als dass der K. von Spanien, der jetzt durch die Angriffe auf Holland und die Fahrt Drake's (s. Einl. A. 34) in seinem persönlichen Interesse gekränkt ist, an der K. von England Vergeltung übe, während Frankreich, beschäftigt wie es ist, ihr nicht helfen kann. Hierüber, wünsche ich, sollen Sie versuchen, sei es durch den Lord Paget während seines Aufenthalts in Spanien, oder durch den spanischen Gesandten Sich Klarheit zu verschaffen, ob der gen.

selfe altogether of this Q. of Englandes malice agaynst him with owt longar stay at flattring of the biles by lenitifes and not purging the springe of the maling humor that hath engendered them. He hath experimented what service his long pacience hath done him all these yeares passed with the Q. of England, having therbye only but entertayned the soare or rather augmented it against him selfe; so as now he doth finde him selfe constrayned to come to the same remedyes which in Don John d'Austria his time were propownded unto him, which I dowte he shall not finde presentlye in these partes of such strenght and vertue, as if he had applyed them in tyme and place, to wete, whilest I had France well disposed to helpe him, Scotland to frende the Catholike partye in this realme had the principall force, which since, it hath lost. My parents of France were to have imployed them selves herein, and the K. of Spayne not impeached any other enterprise. I remember well that Don John was alwayse of this opinion, that there was no other meanes in the worlde wherby to sett upp agayne the K. of Spayne his brothers affayres in the Low Countryes and to assure his dominions in all other places then in restablishing of this realme under God and a prince his frende; for so much as he foresaw right well that the Q. of Englande wold not fayle to breake with him and give him, as she hath done, the first blow. And albeit he might have intertayned and accommodated him selfe with her in such sorte as during her life she sbold not have troubled him; yett hath he right great occasion to provide that after her death happen-

K. von Spanien die Absicht hat, England anzugreifen, was mir der sicherste und bequemste Weg für ihn zu sein scheint, um sich zugleich vor der Bosheit dieser K. von England gegen ihn zu retten, ohne sich länger damit aufzuhalten, die (Eiter-) Beulen mit Linderungsmitteln sanft zu behandeln, statt den Quell der bösen Säfte, die sie erzeugt haben, zu reinigen. Er hat erprobt, welche Früchte seine lange Geduld ihm alle diese letzten Jahre hindurch bei der K. von England getragen hat, da er biedurch nur das Geschwür unterhalten oder besser gegen sich selbst grossgezogen hat, so dass er sich jetzt gezwungen sieht, zu denselben Arzneien zu greifen, welche ihm zu Don Juan d'Austria's Zeiten vorgeschlagen waren. Diese aber wird er, wie ich fürchte, gegenwärtig diesseits nicht von derselben Wirksamkeit und Kraft finden, als wenn er sie zur (rechten) Zeit und am (rechten) Ort angewandt hätte, nämlich damals, als ich Frankreich geneigt gemacht hatte, ihm zu helfen, (und) Schottland ausreichende Macht besass, die katholische Partei in diesem Königreich (England) zu begünstigen, welche es seitdem verloren hat. Meine Verwandten in Frankreich (die Guisen) würden sich hiefür eingelegt und der K. von Spanien eine andere Unternehmung nicht gebindert haben. Ich erinnere mich wohl, dass Don Juan immer dieser Meinung war, es gebe kein anderes Mittel in der Welt, um seines Bruders, des K. von Spanien, Sache in den Niederlanden aufzuhelfen und seine Besitzungen in allen anderen Gegenden zu schützen, als indem er dieses Königreich unter Gott und einem ihm (Philipp II) befreundeten Fürsten wiederaufrichtete, umsomehr als er richtig voraussah, dass die K. von England nicht verfehlen würde,

ing to succede an erle of Huntington or a like protestant, the King of
Spayne or his sonne (which yett
were worse) might be assayled from
hence with all extremytie. Now in
case (as sayd is) that he deliberate
to sett on the Q. of Englande,
esteming it most necessaryo that he
assure him selfe also of Scotland
eyther to serve with him in the
sayd enterprise or at the lest holde
that contrye so bridled as it serve
not his ennemye, I have thowght
good that yow enter with the Embassador of Spayne in these ouver-
tures following, to wete:

That I shall travell by all meanes
to make my sonne entre in the sayd
enterprise, and if he cannott be persuaded therunto, that I shall dresse
a secrett straight league among the
principall catholike lordes of that
contrye and theyr adherentes, to be
joyned with the K. of Spayne, and
to execute at his devotion what of
theyr partes shalbe thowght mete
for advancing of the sayd enterprise; so being they may have soch
socours of men and monye as they
will aske, which I am sure shall
not be verye chargeable, having
men enowgh within the contrye, and
little monye stretching farre and
doing moch there. Moreover I shall
dresse the meanes for the more se-
curitye, to make my sonne be deli-

mit ihm zu brechen und ihm, wie
sie gethan hat, den ersten Schlag zu
versetzen. Und wenn er sich auch
mit ihr in solcher Weise hätte zu-
rechtsetzen und vergleichen können,
dass sie während ihres Lebens ihn
nicht belästigt haben würde, so hat
er doch recht guten Grund vorzu-
sorgen, dass nicht nach ihrem Tode,
wo ein Graf von Huntington oder
ein ähnlicher Protestant nachfolgen
wird, der K. von Spanien oder sein
Sohn, was noch schlimmer wäre, von
hier aus mit äusserstem Nachdruck
angegriffen werde. Jetzt, falls er,
wie man gesagt hat, sich entschliesst,
die K. von England anzugreifen,
habe ich, da ich es für sehr nothwendig halte, dass er sich auch
Schottlands versichert, damit es entweder ihn in der gen. Unternehmung
unterstützt oder wenigstens dieses
Land (England) so im Zaum hält,
dass es seinem Feind (den Nieder-
ländern) nicht helfen kann, für gut
befunden, dass Sie dem spanischen Gesandten folgende Eröffnungen machen,
nämlich:

Dass ich mit allen Mittel dahin
arbeiten werde, meinen Sohn zum
Beitritt zu dieser Unternehmung zu
veranlassen, und wenn er nicht dazu
überredet werden kann, eine geheime
enge Liga unter den vornehmsten
katholischen Lords jenes Landes und
ihren Anhängern stiften werde, damit sie sich mit dem K. von Spanien
verbinden und ihm gehorsam ausführen, was zur Förderung des gen.
Unternehmens von ihrer Seite für
zweckmässig erachtet werden wird;
vorausgesetzt, dass sie soviel (fremden) Sukkurs an Leuten und Geld
erhalten können, als sie fordern werden; dieser wird, des bin ich sicher,
nicht sehr beträchtlich sein, da sie
im Lande Leute genug haben und
wenig Geld dort weit reicht und viel

vered in the handes of the sayd K. of Spayne or in the Popes, as best by them shall be thought good; but with paction and promise to sett him at libertye when so ever I shall so desire, or that after my death, being catholike, he shall desire agayne to repayre to this Ile; withowt that the K. of Spayne shall ever pretende or attempt any thing to my prejudice or my sonnes (if he yelde him selfe catholike) in the succession of this crowne. This is the best hostage that I and the sayd lordes of Scotland can give to the K. of Spayne for performance of that which may depende on them in the sayd enterprise. But with all must there be a Regent established in Scotland, that have commission and power of me and my sonne, whome it shalbe easye to make passe the same, he being once in the handes of the sayd lordes, to governe the cowntrye in his absence; for which office I finde none so fitt as the lorde Clawde Hamilton, as well for the ranke of his howse as for his manhoode and wisedome; and to shonne all jelousye of the rest and to strenghthen him the more, he must have a cownsell appoynted him of the principall lordes, withowt whome he shall be bownde not to ordayne any thinge of importance. I sholde thinke my selfe most obliged to the K. of Spayne that it wold please him to receave my sonne, to make him to be intsructed and reduced to the catholike relligion, which is the thinge of his worlde I most desire, affecting a great deale rather the salvation of his sowle then to so see him monarche of all Europe. And I feure moche that so long as he shall remayne where he is, amongst those that fownde all his greatnesse uppon

ausrichtet. Ferner will ich zur grösseren Sicherheit Mittel anwenden, um meinen Sohn in die Hände des gen. K. von Spanien oder des Pabstes, wie es ihnen gut dünken wird, zu liefern, doch unter der Bedingung und Zusage, dass sie ihn in Freibeit setzen, sobald ich es verlangen werde oder falls er nach meinem Tod als Katholik wieder zu dieser Insel zurückzukehren wünschen wird, ohne dass der K. von Spanien je etwas zu meinem oder meines Sohnes Nachtheil — wenn er sich als Katholik bekennt — in dem Erbfolgerecht auf diese Krone (von England) beanspruchen oder sich anmassen wird. Das ist die beste Geisel, die ich und die gen. Lords von Schottland dem K. von Spanien für (getreue) Erfüllung dessen, was sie in der gen. Unternehmung zu thun schuldig sind, geben können. Aber neben all diesem muss ein Regent in Schottland eingesetzt werden, der Vollmacht und Gewalt von mir und meinem Sohn — den man leicht dazu bringen wird, wenn er einmal in den Händen der gen. Lords ist — hat, das Land in seiner Abwesenheit zu regieren. Zu diesem Amt finde ich keinen so geeignet, als den Lord Claude Hamilton, sowohl in Anbetracht des Ranges seines Hauses, als wegen seiner Tapferkeit und Einsicht. Und um alle Eifersucht der übrigen zu verscheuchen und ihn um so mehr anzuspornen, muss er einen Conseil der vornehmsten Lords zur Seite gesetzt haben, ohne den er nichts von Wichtigkeit anzuordnen gebunden sein wird. Ich würde mich dem K. von Spanien sehr verbunden erachten, falls er geruhen würde, meinen Sohn in Empfang zu nehmen, um ihn in der katholischen Religion unterrichten und zu ihr zurückführen zu lassen, was auf dieser Welt mein sehnlichster Wunsch ist,

the mayntenance of the relligion which he professeth, it shall never lye in my power to bringe him in agayne to the right waye, wherebye there shall remayne in my harte a thousand regrets and apprehensions if I shold dye, to leave behinde me a tyrant and persecutor of the catholike churche. If yow see and perceave the sayd embassador to finde goust in the sayd ouvertures and putt yow in hope of a good answer therunto, which yow shall insiste to have with all diligence, I wold then in the meane tyme yow shold write to the lord Claude, letting him understande how that the K. of Spayne is to sett on this countrye, and desireth to have the assistance of the catholikes of Scotlande for to stoppe at the least, that from thence the Q. of Englande have no socours, and to that effect yow shall pray the sayd lorde Claude to sownde and grope the mindes hereunto of the principall of the catholike nobilitye in Scotlande and others hereof, under pretextes he might bringe to other; to the ende yow may make open light wherbye the K. of Spayne may see what he may looke for in soch a case at theyr handes, and also know what socours and support both of men and monye they wold require at the K. of Spaynes handes, to holde Scotlande at theyr devotion withall. Moreover that he declare particularlye unto yow the names of those that are to enter in this bande, and what forces they are able to make together, and to the ende they may be the more encoraged herein yow may write playnelye to the lord Claude that you have charge, of me, to treate with him of this matter. But by your first letter I am not of opinion that yow discover yowr selfe further to

indem ich die Rettung seiner Seele um ein gut Theil eher anstrebe, als, ihn als Monarch über ganz Europa zu sehen. Und ich fürchte, dass er, so lange er bleibt, wo er ist, — unter jenen, die seine ganze Würde von der Beibehaltung der Religion, welche er gegenwärtig bekennt, abhängig machen — niemals in meiner Macht liegen wird, ihn wieder auf den rechten Weg zu bringen, und darum würden in meinem Herzen tausend Besorgnisse und Bedenken zurückbleiben, hinter mir, wenn ich sterben sollte, einen Tyrann und Verfolger der katholischen Kirche zu lassen. Gewahren Sie und bemerken Sie, dass der gen. Gesandte an den gen. Eröffnungen Gefallen findet und Ihnen Hoffnung auf eine günstige Antwort darauf macht, welche Sie in aller Eile dringend verlangen sollen, dann wünschte ich, Sie schrieben zu derselben Zeit dem Lord Claude und liessen ihn wissen, dass der K. von Spanien dieses Land (England) angreifen wird und den Beistand der Katholiken von Schottland zu haben wünscht, um wenigstens zu hindern, dass von dort die K. von England keinen Sukkurs erhalte, und zu diesem Zweck sollen Sie den gen. Lord Claude bitten, die Gesinnung der vornehmsten (Mitglieder) des katholischen Adels in Schottland und anderer hievon auszuforschen und zu prüfen unter dem Vorwand, dass er es anderen mittheilen wolle, damit Sie Klarheit in die Sache bringen, woraus der K. von Spanien ersehen kann, was er in einem solchen Fall von ihrer Seite zu erwarten hat und ebenso erfahre, welchen Sukkurs und welche Unterstützung sowohl an Leuten als an Geld sie von Seite des K. von Spanien verlangen werden, um Schottland zugleich sich unterwürfig zu erhalten. Ferner, dass er im

him nor to other at all, untill yow
have receaved answer of the K. of
Spayne, which being conforme to
this desseignment, then may you
opon more to the Lord Claude
shewing him that to assure himselfe
of my sonne and to the ende, if it
be possible, that thinges be past
and done under his name and authoritye, it shall be nedefull to
sease his person, in case that will-
inglye he cannot be browght to this
enterprise; yea and that the surest
were to deliver him in to the K.
of Spayne his handes, or the Popes,
as shalbe thowght best; and that
in his absence he depute the L.
Claude his lieutenant general and
regent in the governement of Scotland, which yow are assured I may
be easelye persuaded to confirme
and approve. For if it be possible
I will not, for diverse respects, be
named therein untill the extremitye.
To persuade hereunto the sayd L.
Claude it shall be good that yow
assure him to travell to abolish all
remembrance or grefe of his brother
the lord of Arbroth his procedings,
that indirectly yow putt him in
hope that I shall make him be de-
clared lawfull heyre to the crowne
of Scotland, my sonne fayling
withowt children, and that there
unto I shall make the catholike
princes of christendome condescende
to mayntayne him in that respect.
I can write nothing presentlye to
the L. Claude him selfe, for want
of an alphabete betwene me and
him, which now I send yow herewith inclosed, withowt any marke
on the backe, that yow may send
it unto him, and if by any nearer
meanes, which I will essay to finde
on this side, I might therein, I shall
not fayle by the same to remember,
or by the first other I can finde

Einzelnen Ihnen die Namen derjenigen nenne, welche in diesen Bund
eintreten werden und (erkläre), welche Mannschaft sie zu stellen im
Stande sind, und damit sie hierin
um so mehr ermuthigt werden, mögen
Sie dem Lord Claude unumwunden
schreiben, dass Sie von mir Auftrag
haben, mit ihm hierüber zu verhandeln. Doch bin ich nicht der
Ansicht, dass Sie (schon) in Ihrem
ersten Brief Sich weiter ihm entdecken, noch überhaupt jemand anderem, als bis Sie von dem K. von
Spanien Antwort erhalten haben.
Fällt sie dieser Absicht entsprechend
aus, dann mögen Sie dem Lord Claude
mehr (davon) eröffnen, indem Sie ihm
darlegen, dass, um sich meines Sohnes
zu versichern und damit — wenn es
möglich ist — die Angelegenheiten
unter seinem Namen und seiner Autorität vollzogen worden, es nöthig
sein wird, sich seiner Person zu bemächtigen, falls er nicht gutwillig
zu dieser Unternehmung bewogen
werden kann, ja und dass das sicherste
wäre, ihn in die Hände des K. von
Spanien zu übergeben oder des Pabstes,
wie es am besten erachtet werden
wird, und dass er in seiner Abwesenheit den Lord Claude zu seinem Statthalter und Stellvertreter in der Regierung Schottlands bestimmt, was zu
bestätigen und zu billigen ich, wie
Sie versichert seien, leicht überredet
werden könne. Denn, wenn es möglich ist, so will ich aus verschiedenen
Gründen bis zum äussersten (Moment)
nicht darin mit Namen genannt sein.
Um den gen. Lord Claude hiezu zu
überreden, wird es gut sein, wenn
Sie ihn versichern, dass Sie Sich bemühen, alle Erinnerung oder allen
Verdruss wegen seines Bruders, des
Lord Arbroath, Verhalten zu beseitigen, damit Sie ihm indirekt Hoffnung machen, dass ich ihn zum ge-

fittest, the good testimonye and assurance yow give me of his dutyfull affection towardes me and my service. This is all for that contrye of Scotlande I can dresse presentlye for so moch as I know of the present estate of the affayres of christendome: charging yow very expresselye not to communicate this to any other at all, eyther English French or Scottish, as also yow shall pray the sayd Bernardino, spanish embassador to do the like, and the L. Claude not do discover by whome this motion is made unto him. I have written unto the spanish embassador in favor of your brother the L. Paget and your selfe, with all the affection that your frendeshipp towardes me deserveth; lamenting from the bottome of my harte that by myne owne particular I am not so able to doe for yow as I must nedes have recowrse to others for supplying the wante of my small meanes.

setzlichen Erben der Krone von Schottland erklären lassen werde, falls mein Sohn ohne Leibeserben abgeht, und dass ich die katholischen Fürsten der Christenheit hiezu geneigt machen werde, ihn in dieser Beziehung zu unterstützen. Ich kann gegenwärtig nichts an Lord Claude selbst schreiben, da ein Alphabet zwischen mir und ihm mangelt, welches ich Ihnen jetzt hier eingeschlossen sende, ohne Marke auf der Rückseite, damit Sie es ihm schicken, und wenn es mir durch irgend ein näheres Mittel, welches ich diesseits ausfindig zu machen suchen will, möglich ist, werde ich nicht verfehlen, dadurch — oder durch das nächst beste, das ich finden kann — des guten Zeugnisses und der Versicherung, die Sie mir von seiner pflichtgetreuen Anhänglichkeit an mich und meinen Dienst geben, Erwähnung zu thun. Das ist alles, was ich für jene Gegend von Schottland im Augenblick vorbereiten kann, soweit ich den gegenwärtigen Stand der Angelegenheiten in der Christenheit kenne. Ich bitte Sie inständig, dies gar Niemand anderem, sei er Engländer, Franzose oder Schotte, mitzutheilen, wie Sie auch den gen. Bernardino, den spanischen Gesandten, bitten werden, das Gleiche zu thun, und den Lord Claude, nicht zu enthüllen, durch wen dieser Antrag ihm gestellt worden ist. Ich habe an den spanischen Gesandten zu Gunsten Ihres Bruders, des L. Paget, und Ihren eigenen geschriebenen (20. Mai s. N. II) mit all der Dringlichkeit, welche Ihre Freundschaft gegen mich verdient, und bedauere im Innersten meines Herzens, dass ich durch mein Privatvermögen nichts für Sie zu thun im Stande bin, so dass ich nothwendig zu anderen meine Zuflucht nehmen muss, um den Mangel meiner kärglichen Mittel zu ersetzen.

II.

## Maria Stuart an Don Bernardino de Mendoza.

(s. Laban. VI S. 309 f.)

Chartley 20/30. Mai 1586.

Monsieur l'ambassadeur, par voz dernières des dix de febvrier et vingt-et-sixiesme de juillet octante cinq, qui ne m'ont esté rendues qu'au 20 de avril dernier, j'ay esté très aise d'entendre le bon choix que le Roy, vostre maistre, mon bon frère, a faict de vous pour résider en France, suyvant la requeste qu'aultre-foys je luy avoys faicte. Je ny esté si estroytement gardée depuis dix-huict moys en çà que toute intelligence secrette m'estoyt faillie jus-ques à caresme dernier que Morgan m'a recouverte ceste cy, seule que j'ay encores aujourdhuy. Ne sachant s'il aura esté procédé à l'advance-ment de nos desseings précédens, je me trouve fort en peine quelle course reprendront les affayres de deçà. Charles Pagett ha charge de moy de vous communiquer quelques ouver-tures de ma part, sus lesquelles je vous prie luy impartir librement ce que vous pensez qu'il s'en pourra obtenir du dict sieur Roy, vostre maistre, afin qu'il n'en soyt impor-tuné, si vous jugez qu'elles ne soyent pour réussir.

Il y a un aultre point dépendant de cela que j'ay réservé d'escrire à vous seul, pour le mander de ma part au dict sieur Roy, sans qu'aultre que luy, s'il est possible, en ayt cognoissance. C'est que, consydérant l'obstination si grande de mon filz en l'hérésie (laquelle, je vous asseure,

Herr Gesandter! Durch Ihr Letztes vom 10. Februar und 26. Juli (15)85, die mir erst am letztvergangenen 20. April eingehändigt worden, habe ich zu meiner grossen Freude von der guten Wahl Kenntnis erhalten, welche der König, Ihr Gebieter, mein guter Bruder, getroffen hat, indem er Sie, gemäss einer von mir früher an ihn gestellten Bitte, zum Ge-sandten in Frankreich bestimmte (s. Einl. A. 33). Ich war seit diesen achtzehn Monaten (s. Einl. A. 14) so streng bewacht, dass jede vertraute Correspondenz mir fehlte bis letzte Fasten, wo Morgan mir diese er-öffnet hat, die einzige, die ich noch heute habe (s. Einl. A. 23). Da ich nicht weiss, ob es mit unseren frühe-ren Plänen vorwärts gegangen ist, so befinde ich mich in grosser Ver-legenheit, welchen Verlauf die dies-seitigen Angelegenheiten nehmen wer-den. Charles Paget hat Auftrag von mir (s. N. I), Ihnen einige Eröff-nungen von meiner Seite zu machen, betreffs deren ich Sie bitte, ihm offen mitzutheilen, was Sie denken, dass man hievon von Seite des gen. Herrn Königs, Ihres Gebieters, er-langen kann, damit er hiemit nicht belästigt werde, wenn Sie glauben, dass sie nicht zu verwirklichen sind.

Es ist (noch) ein anderer damit zusammenhängender Punkt, den ich Ihnen allein zu schreiben vorbehalten habe, damit Sie ihn von meiner Seite dem gen. Herrn König übermitteln, ohne dass ein anderer als er, wenn es möglich ist, davon Kunde erhält. In Anbetracht nämlich der grossen

j'ay pleurée et lamentée jour et nuict plus que ma propre calamité) et prévoyant sur ce le domage éminent qui est pour réussir à l'Églize catholique, luy venant à la succession de ce royaulme, j'ay pris délibération, en cas que mon dict filz ne se réduise avant ma mort à la religion catholique (comme, il fault que je vous die, que j'en ay peu d'espérance, tant qu'il restera en Escosse), de céder et donner mon droict, par testament, en la dicte succession de ceste couronne, audict sieur Roy, vostre maistre, le priant, moyennant ce, me prendre doresenavant en son entière protection, pareillement l'estat et affaires de ce pays, lesquelles, pour la descharge de ma conscience, je ne pense pouvoir mettre ès mains de prince plus zéleux de nostre relligion et capable en tous respectz de la restablir par deçà, comme il importe à tout le reste de la chrestienté; me sentant plus obligée de respecter en cela le bien universel de l'Eglize que, avec le détriment d'icelle, la grandeur particulière de ma postérité. Je vous prie, encore un coup, que cecy soit tenu très secret, d'aultant que, s'il venoyt à estre révélé, ce seroyt, en France, la perte de mon douaire, et, en Escosse, entière rupture avec mon filz, et, en ce pays, ma totale ruine et destruction.

Hartnäckigkeit, mit der mein Sohn in der Häresie verharrt — die ich, wie ich Sie versichere, Tag und Nacht mehr als mein eigenes Unglück beweint und beklagt habe — und obendrein in Voraussicht des unberechenbaren Schadens, der der katholischen Kirche erwachsen muss, wenn er zur Nachfolge in diesem Königreich (England) gelangt, habe ich mich entschlossen, falls mein gen. Sohn nicht vor meinem Tod zur katholischen Religion zurückkehrt — worauf ich, wie ich Ihnen gestehen muss, solange er in Schottland verbleiben wird, wenig Hoffnung habe — mein Recht auf die gen. Nachfolge in diesem Throne testamentarisch dem gen. König, Ihrem Gebieter, abzutreten und zu übergeben, mit der Bitte, mich unter dieser Voraussetzung in Zukunft in seinen vollen Schutz zu nehmen und in gleicher Weise die Lage und die Angelegenheiten dieses Landes, welche ich zur Entlastung meines Gewissens in die Hand keines Fürsten legen zu können glaube, der eifriger für unsere Religion und in jeder Beziehung so befähigt wäre, sie diesseits wieder aufzurichten, wie es im Interesse der ganzen übrigen Christenheit ist, indem ich mich mehr verpflichtet fühle, hierin das allgemeine Beste der Kirche, als, auf Kosten derselben, den Glanz meiner Nachkommenschaft im Besonderen in's Auge zu fassen. Ich bitte Sie noch einmal, dass dies recht geheim gehalten werde, da, wenn es entdeckt würde, dies in Frankreich den Verlust meines Wittwenguts und in Schottland den gänzlichen Bruch mit meinem Sohne und in diesem Lande (England) meinen totalen Ruin und meinen Tod zur Folge haben würde.

## III.

### Maria Stuart an Thomas Morgan.

(s. Laban. VI S. 422.)

Chartley 17/27. Juli 1586.

As to Babington he hath both kindelye and honestlye offred him selfe and all his meanes, to be employed any way I wold. Wheruppon I hope to have satisfied him by two of my severall letters since I bad his; and the rather for that I opened him the way wherbye I receaved his with your foresayd. He hath sene that mine hath preventend him with all lawfull excuses shewen on my parte, of the long silence betwene us, and for his jelowsye of Fulgeam or any other, 1 trulye gave him no cawse; and if my former ordinary order bad not bene marred through some of theyr owne to liberall and unnedefull declaring and revealing of their negociations and good willes in everye cawse, mo of them bad now bene in place to have served both in generall and particular for theyr owne benefitt and my greater comfort. I shall notwithstanding do my best to intertayne Babington according to yowr advise, wherof I thanke yow with the rest which from time to time bringe me no small consolation.

Was Babington betrifft, so hat er (mir) gutmüthig und ehrlich sich und alle seine Mittel angeboten, um sie in welcher Weise ich will, zu verwenden (s. oben Brief II). Darauf habe ich ihn, wie ich hoffe, durch zwei besondere Briefe (s. oben Brief I und III), nachdem ich den seinen (erhalten) hatte, befriedigt, um so mehr als ich ihm den Weg öffnete, auf welchem ich den seinigen mit Ihrem vorgenannten (vom 29. April /9. Mai) erhielt. Er hat gesehen, dass der meinige ihm mit allen rechtmässigen Entschuldigungen, die ich meinerseits für das lange Stillschweigen zwischen uns (beiden) vorbrachte, zuvorgekommen ist, und zu seiner Eifersucht auf Fulgeam oder irgendwen anderen gab ich ihm wahrlich keine Ursache. Und wenn mein früherer bestimmter Befehl nicht durch ihre eigene allzu offene und unnöthige Erklärung und Enthüllung ihrer Verhandlungen und Absichten in jeder Sache vereitelt worden wäre, so würden manche von ihnen jetzt in der Lage gewesen sein, sowohl im allgemeinen als im einzelnen zu ihrem eigenen Besten und meinem grösseren Vortheil zu dienen. Ich will nichtsdestoweniger mein Bestes thun, um Babington zu unterstützen, gemäss Ihrem Rath, für den ich Ihnen danke, wie auch für alles übrige, das mir von Zeit zu Zeit nicht geringen Trost bietet.

## IV.
### Maria Stuart an Charles Paget.
(s. Laban. VI S. 401 f.)

Chartley 17/27. Juli 1586.

Uppon the retorne of Ballard to this contrye, the principall of the catholicks who had dispatched him over sea, have imparted unto me theyr intentions, conforme to that which yow write to me therof, but more particularly asking my direction for executing of the whole. I have made them a very ample dispatch contayning poynt by poynt, my advise on all things requisite, as well for this side as for withowt the realme to bring theyr desseignments to good effect, and have sent them worde for not losing time, that having taken resolution among themselves uppon the sayd dispatche they make hast to impart the same to the embassador of Spayne, Mendoza, sending over therwith eyther the sayd Ballard, or some other the most faythfull and secrett they can finde, and to be by them sufficientlye instructed; having promised them that I shall write to the same Mendoza, as I do presentlye, to give creditt to theyr sayd messenger or deputye; so as I trust that if ever the Pope and the K. of Spayne have had intention to provide for this state, the occasion is now offred them very advantageows, finding therein universallye the sayd catholikes so disposed and forwardes, as there is more a doe to kepe them backe then in putting them to the contrarye. And for all objetions and difficultyes that the sayd Mendosa can alledge, as my getting forth of this holde or otherwise, be shall be therof sufficientlye cleared and satisfied. There resteth

Nach der Rückkehr Ballard's in dieses Land (s. Einl. A. 37) haben die Führer der Katholiken, welche ihn über's Meer gesandt hatten, mir ihre Absichten mitgetheilt (s. Brief II) entsprechend dem, was Sie mir hievon schreiben, aber mehr im Einzelnen meine Anleitung zur Ausführung des Ganzen erbeten. Ich habe ihnen eine sehr ausführliche Depesche zugeschickt (= Brief III), welche Punkt für Punkt meinen Rath in allen Dingen, die sowohl diesseits als ausserhalb des Königreichs erforderlich sind, um ihre Pläne zu gutem Erfolg zu bringen, enthält, und habe ihnen, um nicht Zeit zu verlieren, Nachricht gesandt (ibid.), dass sie, nachdem sie unter sich über die gen. Depesche Beschluss gefasst haben, dieselbe schleunig dem Gesandten von Spanien, Mendoza, mittheilen sollen, indem sie damit entweder den gen. Ballard oder irgend einen anderen, den treuesten und verschwiegensten, den sie finden können und der von ihnen hinreichend unterrichtet werden muss, hinüber schicken. Ich habe ihnen versprochen, dass ich dem gen. Mendoza schreiben werde, wie ich es gegenwärtig thue (s. unten N. VII), damit er ihrem gen. Boten oder Abgesandten Credit gebe, so dass, wenn je der Pabst und der K. von Spanien die Absicht gehabt haben, für diesen Staat (England) zu sorgen, die Gelegenheit, wie ich glaube, ihnen jetzt sehr vortheilhaft sich darbietet, da man hierin die gen. Katholiken alle insgesammt so geneigt und eifrig findet, dass man eher zu thun hat, um sie zurückzuhalten, als sie im

then onlye but to pursue, so hotlye as can be both in Rome and Spayne, theyr grawnt of the support requisite, as well of horsemen and footemen as of armour, munitions and monye. If his hollynesse and the K. of Spayne will in any waye yelde to this enterprise, which I desire, they shuld declare resolutelie and playnelye without drawing things to length by artificiall negociation and vayne hope as hath bene done hitherto (as is still so my opinion) I have written to the sayd catholikes that before they have sufficient promise and assurance of the Pope and the K. of Spayne for accomplishing of that which is required of them, nothing be sturred on this side. For otherwise they shall but overthrow themselves withowt any proffitt. I do well perceave that before the recoverye of Cuba and Domingo and the arrivall of the flete from the Indias, it shall be difficille to obtayne any forces for this realme at the K. of Spaynes handes ► but being thinges that are to be executed before the ende of this sommer at the farthest, the enterprise for this contrye may in the meane while be concluded on, and, upon the resolution which thereon, shall be taken, to prepare all that shall be necessarye, as well within as withowt this realme. I like well that the succors shold come from the Low Contryes as yow write: but I hardelye beleve that the Prince of Parma, being so nere mett with all as he is, may now spare so moch as were necessarye for the sayd enterprise for this side. I wold hawe sent yow a copye of the sayd dispatch to the sayd catholikes, were not that by ther messinger I am sure yow may know more thereof then I can re-

Gegentheil anzutreiben. Und betreffs aller Einwendungen und Schwierigkeiten, welche der gen. Mendoza in Bezug auf meine Fortschaffung aus dieser Haft oder anderweitig anführen kann, soll er genügend aufgeklärt und befriedigt werden. So bleibt denn nur übrig, so dringend als möglich, in Rom und Spanien ihre Leistung der nöthigen Unterstützung sowohl durch Fussvolk und Reiter, als durch Waffen, Munition und Geld zu betreiben. Wenn Se. Heiligkeit und der K. von Spanien irgendwie zu dieser Unternehmung neigt, was sie, wie ich wünsche, entschieden und deutlich erklären sollen, ohne die Sache durch künstliche Unterhandlungen und eitle Zusicherungen, wie dies bisher geschehen ist, in die Länge zu ziehen — wie es noch meine Meinung ist — so habe ich den gen. Katholiken geschrieben (s. oben Brief III), dass, bevor sie nicht ausreichende Versprechungen und Gewähr des Pabstes und des K. von Spanien für (getreue) Erfüllung dessen, was man von ihnen fordert, haben, diesseits nichts angezettelt werden soll. Denn andernfalls werden sie nur sich selbst ohne irgend einen Gewinn zu Grunde richten. Ich begreife wohl, dass vor der Wiedereroberung von Cuba und Domingo (s. Einl. A. 34) und der Ankunft der Flotte aus (West-) Indien es schwer halten wird, von Seite des K. von Spanien irgend welche Truppen für dieses Königreich zu erhalten. Da dies aber Angelegenheiten sind, welche spätestens vor Ende dieses Sommers ausgeführt sein werden, so mag über die Unternehmung nach diesem Lande (England) unterdessen beschlossen und nach der Beschlussfassung hierüber all das, was sowohl inner- als ausserhalb dieses Königreichs nöthig sein

cite, he being to carye in those partes the resolution of the whole; and for the same respect have I referred the lord Pagett to be therof informed by yow; praying him only by my letter here inclosed, to imploy him selfe in Spayne in all he can for the furtherance of this affayre and to that I have propownded them, unto them. I thanke yow hartelye for the threescore crownes yow gave to the sayd Ballard, whereof I have commawnded my ambassador expressely to make yow be remboursed withowt any delay; but to have any more in store for the like occasion, it is not any wise at this time in my power, my revenewes, during these warres and badd treatment which yow know I have at the King of France his handes, not being sufficient almost to beare my ordinarye charges, and that mony of the K. of Spaynes whereof yow write to be now in Mendosa his handes, being so expresselye appoynted me to be reserved and employed at my getting forth of this hold, as for the conservation of my creditt I dare not convert it to any use, specially that first parcell, not being assured of the rest. I do yett agayne now give a likelye charge for that which is owing to your selfe, Morgan, and Charles Arundell, and shall rather stay the pursuing of the rest of those 12000 crownes then yow be unsatisfyed of so moch as is due unto yow. I wold be gladd to know how yow proceded with the lord Claude in the matter I wrote to yow, not long since, which being effectuated, shold well concurre with the enterprise here. And so I pray God to preserve yow.

wird, vorbereitet werden. Ich bin damit einverstanden, dass der Sukkurs aus den Niederlanden komme, wie Sie schreiben. Aber ich glaube schwerlich, dass der Prinz (Alexander Farnese) von Parma, mit allen (Truppen) engagirt, wie er ist, jetzt soviele ersparen kann, als für die gen. Unternehmung diesseits nöthig wären. Ich würde Ihnen eine Copie der gen. Depesche an die gen. Katholiken (Babington) gesendet haben, wüsste ich nicht, dass Sie durch deren Boten mehr davon erfahren werden, als ich berichten kann, da er in die jenseitigen Gegenden die Entscheidung über das Ganze überbringen wird. Und aus eben diesem Grunde habe ich den Lord Paget angewiesen, sich hierüber durch Sie unterrichten zu lassen (s. State Trials I S. 1222 f.); ich bitte ihn nur durch meinen hier eingeschlossenen Brief, sich in Spanien, so gut er kann, für die Förderung dieser Angelegenheit und für das, was ich Ihnen vorgeschlagen habe, zu verwenden. Ich danke Ihnen herzlich für die 60 Kronen, welche Sie dem gen. Ballard gaben, die Ihnen ohne Zögern zurückzuerstatten, ich meinen Gesandten nachdrücklich angewiesen habe; aber mehr für den gleichen Zweck in Bereitschaft zu halten, ist für jetzt nicht in meiner Macht, da meine Einkünfte während dieser Kriege bei der schlechten Behandlung, die ich, wie Sie wissen, von Seite des K. von Frankreich erfahre (s. Einl. A. 4), kaum hinreichen, um meine laufenden Kosten zu bestreiten und jenes Geld vom K. von Spanien, das, wie Sie schreiben, jetzt in Mendoza's Händen ist, mir ausdrücklich dazu zubestimmt ist, dass es für meine Befreiung aus dieser Haft reservirt und verwendet werde, so das ich, um meinen Credit aufrecht zu erhalten, es zu keinem

(anderen) Zweck verwenden darf, zumal jenen ersten Betrag, da ich des Restes nicht versichert bin. Ich gebe jetzt wieder einen ähnlichen Auftrag in Beziehung auf jenes (Geld), welches ich Ihnen selbst, Morgan und Charles Arundel schuldig bin, und ich werde eher die Betreibung des Restes jener 12000 Kronen hinanhalten, als Sie länger unbefriedigt lassen in dem, was ich Ihnen schulde. Ich wünschte zu erfahren, wie weit Sie mit Lord Claude (Hamilton) in der Sache, von der ich Ihnen vor Kurzem (am 20/30. Mai s. N. I) schrieb, gekommen sind; denn würde diese bewerkstelligt, so dürfte sie mit der hiesigen Unternehmung gut harmoniren. Und so bitte ich Gott, dass er Sie am Leben erhalte.

At Chartley, the 27th of july.

Zu Chartley den 27. Juli.

## V.

### Maria Stuart an Sir Francis Englefield.

(s. Laban. VI S. 407 f.)

Chartley 17/27. Juli 1586.

It hath bene no smal consolation unto me, as well for the good of this isle as for the particular of the K. of Spayne (whome I am moch bownd to affect) to understand that he beginneth to feele and take revenge of this Quene practising and attempting agaynst him. For it is not credible how moch the appearance to see Leycester and Drakes prevayle hithertill, and the insensibilitye of the K. of Spayne have discoraged his frendes and made his ennemyes insolent here. And yett doe I feare that the brute that ronneth of a peace betwene the K. of Spayne and the Q. of England shall retire many from pursuing the desseignment of

Es war kein geringer Trost für mich, sowohl in Hinsicht auf das Wohl dieses Eilands, als auch auf das Interesse des K. von Spanien, — welches zu fördern ich sehr verpflichtet bin — zu vernehmen, dass er anfängt, für die Ränke und Angriffe dieser Königin gegen ihn (Lust zur) Vergeltung zu fühlen und zu üben. Denn es ist nicht glaublich, wie sehr die Wahrnehmung, Leicester und Drake bisher siegreich zu sehen (s. Einl. A. 34), und die Langmuth des K. von Spanien hier seine Freunde entmuthigt und seine Gegner aufgebläht haben. Und doch fürchte ich, dass das Gerücht von einem Frieden zwischen dem K. von Spanien und der K. von England, welches um-

un entreprise anew dressed here, wherof he reasons to long to be deducted unto yow as for the many particularityes as also for that during those warres in Gascoigne I dread the intercepting of my letters in so long a way; but only tell yow that the principall catholikes of this realme having abowt Ester last made a complott together to arise in Leycester his absence and before his retorne, which they feare greatlye (having not of myselfe wherwith to give them any substanciall answer) did send over in France one from amongst them to Charles Pagett, who made theyr messenger declare the same, in generall, theyr desseingment to don Bernardino de Mendosa for to know if the K. of Spayne, his master, will harken therunto. Wheruppon all good hope being browght backe agayne unto them as they have signified unto me and finding the same in a manner confirmed by your letters, I have made them a verye ample dispatche, by the which, uppon a platt that I have dressed for them giving them my advise point by point on everye thing necessarye for the execution therof, and remitting to themselves to resolve theruppon, I have desired them that for to lose no time they shold withowt sending agayne unto me, dispatch in all diligence some one among them, choyse, faythfull, and sufficientlye instructed towardes the sayd don Bernardino, to impart unto him particularly, the platt of the sayd enterprise, as they may amongst them have resolved upon, and to informe to the same, if the sayd don Bernardino do like therof, to require soch support as shall be necessarye as well of footemen and horsemen, as armor, munition, and

geht, (noch) manchen von der Theilnahme an dem Plan einer Unternehmung, welche neuerdings hier eingeleitet ist, abhalten wird; von dieser will ich Ihnen aus Gründen, die Ihnen auszuführen zu lange dauern würde, sowohl wegen der vielen Einzelheiten, als auch weil ich fürchte, dass während jener Kriege in der Gascogne meine Briefe auf einem so langen Weg aufgefangen werden könnten, nur soviel sagen, dass die vornehmsten Katholiken dieses Königreichs um letzte Ostern ein Complot gemacht haben, in Leicester's Abwesenheit und vor seiner Rückkehr, die sie sehr fürchten (s. Brief III A. 32 a. E.), sich zusammen zu erheben, ohne dass ich ihnen eine bestimmte Antwort geben konnte. Sie sendeten einen aus ihrer Mitte (Ballard) nach Frankreich hinüber zu Charles Paget, der ihren Boten veranlasste, ihren gen. Plan im allgemeinen dem Don Bernardino de Mendoza zu eröffnen, um zu erfahren, ob der K. von Spanien, sein Herr, demselben Gehör schenken will. Als darauf ihnen gute Versicherungen zurückgebracht wurden, wie sie mir angezeigt haben (s. Brief II) und was ich auch einigermassen durch Ihren Brief bestätigt finde, habe ich ihnen eine sehr ausführliche Depesche gesandt (= Brief III), durch welche ich wegen eines Planes, den ich für sie entworfen habe, indem ich ihnen Punkt für Punkt in jeder zur Ausführung desselben nöthigen Sache meinen Rath gab und die Entscheidung darüber ihnen selbst überliess, von ihnen forderte, dass sie um nicht Zeit zu verlieren, ohne an mich nochmals zu schicken, in aller Eile einen unter ihnen, der tüchtig, redlich und hinreichend unterrichtet ist, an den gen. Don Bernardino senden sollen, um ihm im Einzelnen den

mony. Of which thinges before that they have sufficient promise and assurance, I have wished them playnelye not to sturre in any wise on this· side, for feare they ruine them selves in vayne. Wherfore not being able as yett to advertise yow of the said catholikes resolution, as a thing unknowne to myselfe, I will only pray yow for this time to require instantly the K. of Spayne, in my name, to lett me understand playnelye and resolutelye uppon so moch as he may have knowen by the said don Bernardino of this enterprise, whether he doth like therof or no, if he will intervene therein, when and how he meaneth to make his forces marche. For I feare moch that the impediments which he hath abowt the Indias shall occupye enowgh the army which he was to send thither, untill this next winter namelye if the Turke (as is sayd) hold hand to the sayd Drake. And from the Low Contryes I see not how that the Prince of Parma may spare so many forces as shold be requisite for owr sayd enterprise. But the principall is to have the K. of Spayne his playne and assured promyse, and no artificiall intertaynement as here tofore hath bene given. For theruppon his commoditye may be better awayted on, and in the meane time 'all thinges necessarye provided for. I have cleared the greatest difficultye which hath bene alwayes objected unto me in the like enterprises, to wete, my escaping from hence, and I hope to execute the same assuredlye, with God his grace, as I have desseigned. If a peace be made in France, the D. of Guise having alredye great forces in hande may employ the same for us on the

Plan der gen. Unternehmung, wie sie über ihn unter sich schlüssig geworden sein werden, mitzutheilen und den gen. (Boten) zu informiren, dass er, wenn der gen. Don Bernardino Gefallen daran findet, so viel Sukkurs an Fussvolk und Reitern, Waffen, Munition und Geld fordern soll, als nöthig sein wird. Bevor sie für diese Forderung nicht hinreichende Versprechungen und Versicherung haben, wünschte ich, sollten sie diesseits durchaus in keiner Weise losschlagen, aus Furcht, sie stürzen sich selbst vergeblich ins Verderben. Da ich jetzt noch nicht in der Lage bin, Sie von dem Entschluss der gen. Katholiken zu benachrichtigen, weil er mir selbst unbekannt ist, so bitte ich Sie nur für jetzt, den K. von Spanien in meinem Namen dringend zu ersuchen, dass er mich deutlich und bestimmt auf Grund dessen, was er durch den gen. Don Bernardino von dieser Unternehmung (bereits) erfahren haben mag, wissen lasse, ob er daran Gefallen findet oder nicht, und falls er sich hierin einmischen will, wann und wie er seine Truppen marschiren zu lassen gedenkt. Denn ich fürchte sehr, dass die Hindernisse, auf welche er in (West-) Indien stösst, die Armee, welche er dorthin senden wollte, genugsam beschäftigen werden, bis zu diesem nächsten Winter, namentlich wenn der Türke, wie es heisst, dem gen. Drake die Hand reicht. Und von den Niederlanden her sehe ich nicht, wie der Prinz von Parma soviele Truppen ersparen wird, als für unsere gen. Unternehmung nöthig sein werden. Die Hauptsache aber ist, dass wir des K. von Spanien deutliches und sicheres Versprechen haben und nicht künstliche Vertröstungen, wie sie zuvor gegeben worden sind. Denn dann

sodayne, before that this Q. be ever aware therof. For Scotland I am in laboring that from thence owr enemies here may have no soccor. But of my sonne I can give yow no assurance, albeit that of late he hath endevored him selfe to give me satisfaction, having written to me all that he may of his entier affection and obedience towardes me. For, notwithstanding all these good wordes in secrett, I finde him so variable, to and fro as the feare of danger wherein he findeth him selfe, and the allurementes he hath of England, do cast and move; so as I can make no solide reconing of his parte. I dowt not but that the league which he hath latelye made with this Q. doth greatlye offend all the catholike princes. But in those parties excuse him therein uppon the power and authoritye that the erle of Angus and his adherentes have at this day in that contrye of Scotland, and that my sonne his safetye being in the sayd Angus his handes, and exposed to this Quenes forces, withowt any assurance of any forayne support, durst not contrarye them in any sorte. I thinke yow · are not ignorant of the sinceritye of those towardes me, of whome you wrote that are in Spayne, specially the L. Pagett, whose vertue and wisdome, as heretofore I have experimented in diverse occasions of importance, so wold I be right glad to be now helped by his good advise and cownsell in our sayd enterprise. Wherfore I desire that yow communicate therof with him in particular, as I am sure he will willingly with yow having testified to him how moch I find my selfe oblyged to yow for that which is past, and chefelye for the managing (which it pleased yow to accept of

mag der Zeitpunkt, in dem es für ihn am bequemsten ist, besser abgewartet und in der Zwischenzeit alles Nothwendige vorbereitet werden. Ich habe die grösste Schwierigkeit, welche mir in ähnlichen Unternehmungen immer eingewendet wurde, nämlich mein Entkommen von hier, gelichtet und ich hoffe dasselbe mit Gottes Gnade sicher zu bewerkstelligen, wie 'ich es geplant habe. Wenn Friede in Frankreich geschlossen ist, so kann der Herzog von Guise, der jetzt viele Truppen befehligt, dieselben plötzlich für uns verwenden, bevor diese Königin es gewahrt. Was Schottland betrifft, so gehe ich damit um, dass von dort her unsere jetzigen Feinde keinen Sukkurs erhalten. Betreffs meines Sohnes aber kann ich Ihnen keine Zusicherung geben, obwohl er kürzlich sich erboten hat, mir Genugthuung zu verschaffen, indem er mir mit all seiner Herzlichkeit und Unterwürfigkeit gegen mich, deren er fähig ist, schrieb. Denn trotz aller dieser guten Worte im Geheimen finde ich ihn so veränderlich, ab und zu wie die Furcht vor Gefahr, worin er sich befindet, und die Vorspiegelungen, die ihm von England her gemacht werden, ihn (eben) bewegen und antreiben, so dass ich auf ihn nicht mit Bestimmtheit rechnen kann. Ich zweifle nicht, dass die Liga, die er vor kurzem mit dieser Königin geschlossen hat (s. Tytler VIII S. 283 f.), alle katholischen Fürsten in hohem Grade beleidigt. Aber in diesen Punkten entschuldige ich ihn wegen der Gewalt und Autorität, welche der Graf von Angus und dessen Anhänger bis auf diesen Tag in jener Gegend von Schottland haben, und damit, dass mein Sohn, dessen Leben in des gen. Angus Händen und der Macht dieser Königin ausgesetzt ist,

as my ordinary agent in those partes) of all my affayres. I pray yow therfore recommend in my name to the K. of Spayne, so instantly as yow can, the present nede of the L. Paget and of the rest there, but numelye Thomas Throgmorton (unto whome and all that partayne unto him I am more beholding for my owne particular then now I can tell yow) they all having abandonate no small commodityes, not withowt hazard of theyr lyves, for Gods cawse; whome I pray for ever to preserve yow.

At Charteley, the 27ᵗʰ of july eyghty six.

ohne Zusicherung fremder Unterstützung nicht wagen darf, ihnen irgendwie zu widersprechen. Ich denke, Sie kennen die Aufrichtigkeit derer gegen mich, welche, wie Sie schreiben, in Spanien sind, insbesondere des Lord Paget, dessen Tüchtigkeit und Klugheit ich schon früher bei verschiedenen wichtigen Gelegenheiten erprobt habe, wie ich herzlich erfreut wäre, auch diesmal in unserer gen. Unternehmung durch seinen guten Rath und Beistand unterstützt zu werden. Dabei wünsche ich, dass Sie dieselbe ihm im Einzelnen mittheilen, wie er, dessen bin ich versichert, gerne Ihnen thun wird. Ich habe ihm bezeugt, wie sehr ich mich Ihnen verpflichtet erachte für vergangene Dienste und vornehmlich für die Leitung aller meiner Geschäfte, welche Sie als mein ordentlicher Agent in jenen Gegenden (Spanien) zu übernehmen Sich herbeiliessen. Ich bitte Sie darum, stellen Sie dem K. von Spanien in meinem Namen, so dringend als Sie können, die gegenwärtige Noth des Lord Paget und der übrigen dort, insbesondere des Thomas Throckmorton vor, welchem ich und allen seinen Genossen in eigenem Interesse mehr verpflichtet bin, als ich Ihnen jetzt sagen kann, da sie alle nicht geringen Comfort verlassen haben, nicht ohne Gefahr ihres Lebens, um Gottes willen, welchen ich bitte, Sie für immer zu beschützen.

Zu Chartley den 27. Juli (15)86.

## VI.

### Maria Stuart an den Erzbischof von Glasgow.

(s. Laban. VI S. 415 f.)

Chartley 17/27. Juli 1586.

Le dit ambassadeur d'Espagne
ne m'a directement rien touché de
ce qu'il vous a dit de l'intention
de son maistre à attempter en ce
quartier, et je pense aussy que
malaisément y pourra ou vouldra-t-il
rien entreprendre avant la reprise
de ses isles de St. Dominique et
Cuba et avoir le passage asseuré
à sa flotte des Indes. Cependant,
en tout événement, je trouveroys
bon que vous travaillassiez à Rome
par tous moyens d'advancer la cor-
respondance de Sa Saincteté avec le
Roy d'Espagne et que du costé
d'Escosse on essayast de remettre
sus quelque nouvelle faction contre
celle d'Angleterre, à quoy je pense
que my lord Claude pourroyt maintenant beaucoup servir. Du costé de
deçà je vous puis asseurer que tous
les catholiques universellement ne
furent jamais mieux disposez à bien
faire qu'ilz sont à présent, trouvant
les principaulx d'entre eulx fort ré-
soluz de jouer de leur reste. Sachez
de mon cousin de Guise, en cas que
la paix se faict en France, si les
affaires de luy et des aultres de
nostre mayson luy permettroyt d'in-
tervenir, comme aultres foys il
avoyt promis, en l'entreprise du dit
roy d'Espagne pour ce païs. Ce que,
s'il pouvoyt, il me semble que le
meilleur seroyt d'arrester le temps
de l'exécution de la dite entreprinse,
sitost que la paix aura été conclue
en France, afin que le duc de Guise
se peust ayder et servir des forces
qu'il pourroyt recouvrir toutes prestes
sur la rupture des armées, de quoy

Der gen. Gesandte von Spanien
hat gegen mich direkt mit keinem
Wort berührt, was er Ihnen von der
Absicht seines Gebieters in diesem
Quartiere anzugreifen gesagt hat,
und ich denke auch, dass er schwerlich vor der Wiedereroberung seiner
Inseln San Domingo und Cuba (s.
Einl. A. 34) und vor der Sicherung
der Passage für seine indische Flotte
etwas hier wird unternehmen können
oder wollen. Dennoch würde ich
auf jeden Fall es für gut finden,
dass Sie Sich bemühen, in Rom die
Correspondenz Sr. Heiligkeit mit dem
König von Spanien mit allen Mitteln
zu fördern und dass man von Seite
Schottlands versuche, eine neue Partei
gegen die englische emporzubringen,
wofür, denk' ich, Mylord Claude
(Hamilton) jetzt gute Dienste leisten
könnte. Was dieses Land (England)
betrifft, so kann ich Sie versichern,
dass alle Katholiken insgesammt niemals besser zu guten Thaten aufge-
legt waren, als sie es jetzt sind,
und ich finde die Vornehmsten unter
ihnen fest entschlossen, all das ibrige
aufs Spiel zu setzen (s. Brief II).
Suchen Sie von meinem Vetter von
Guise zu erfahren, ob im Falle Friede
in Frankreich wird, seine Geschäfte
und die anderer aus unserem Hause
es ihm erlauben werden, in die
Unternehmung des gen. Königs nach
diesem Land sich einzumengen, wie
er (es) ehemals versprochen hatte.
Wenn dies möglich wäre, so würde
es, scheint es mir, am Besten sein,
den Termin der Ausführung der gen.
Unternehmung zu verschieben bis zu

ceste Royne ne pourroyt lors avoir aulcun soupçon. Mais, au nom de Dieu, que ceste chose passe entre vous et luy seulx; et après l'avoir meurement délibéré, qu'il vous die asseurement et librement ce qu'il sera capable de fayre pour s'y arrester, sans entrer, comme du passé, en négociation de nul effect.

dem Moment, wo der Friede in Frankreich geschlossen sein wird, damit der Herzog von Guise sich der Truppen bedienen und behelfen kann, welche er nach der Auflösung der Armeen zur freien Verfügung bekäme, ohne dass diese Königin dann einen Verdacht fassen könnte. Aber, um Gotteswillen, lassen Sie diese Sache zwischen Ihnen und ihm allein verhandeln und nach reiflicher Ueberlegung mag er Ihnen mit Bestimmtheit und Freimütbigkeit sagen, was er wird thun können, um dabei zu verbleiben, ohne, wie früher, in nutzlose Unterhandlungen einzutreten.

## VII.

## Maria Stuart an Don Bernardino de Mendoza.

(s. Laban. VI S. 432 f.)

Chartley 17/27. Juli 1586.

Monsieur l'ambassadeur, vous aurez entendu par ma précédente la réception de celle que Guillaume m'a faict tenir de vostre part; et, depuis, la vostre du 29 may m'a esté rendue, par laquelle ce m'a esté un singulier contentement de voyr que le Roy d'Espagne, monsieur mon bon frère, commence à se revancher des pratiques et attemptatz de ceste Royne d'Angleterre contre luy, non seulement pour le bien que me faictes espérer en pouvoir réussier à ceste isle, mais principalement pour la manutention de sa grandeur et réputation en la chrestienté, laquelle en particulier je me sens très obligée d'affecter. Vous ne croyriez combien l'apparence des exploytz du comte de Leycestre et Drakes a eslevé les coeurs des ene-

Herr Gesandter! Sie werden durch mein Vorausgegangenes (vom 2/12. Juli, s. Laban. VI S. 352 f.) den Empfang jenes Briefes (25. März/4. April) erfahren haben, welchen mir Guillaume (de Chateauneuf) von Ihrer Seite zugestellt hat; seitdem wurde mir Ihr Brief vom 29. Mai (n. St.) übergeben, aus welchem ich ersehen habe, dass der König von Spanien, mein guter Herr Bruder, anfängt, für die Ränke und Angriffe dieser englischen Königin gegen ihn Wiedervergeltung zu üben, was mir zu grosser Befriedigung gereicht, nicht nur wegen der frohen Hoffnung, die Sie mir auf glücklichen Erfolg auf dieser Insel geben, sondern vornehmlich wegen der Aufrechterhaltung seines Ruhmes und Ansehens in der Christenheit, welches zu fördern ich mich persönlich sehr verpflichtet fühle.

mies du dit sieur Roy par toute la chrestienté, et combien sa pacience si longue avec ceste Royne avoyt amorty la confiance que les catholiques par deçà ont tousjours eue en luy. Pour moy mesmes, vous confesseray-je librement que j'estoys tellement descouragée d'entrer en nouvelles poursuites, voyant le peu d'effect de celles du passé, que j'ay fermée l'aureille à diverses ouvertures et propositions d'entreprises qui m'ont esté faictes depuis six moys en çà par les ditz catholiques, n'ayant moyen de leur donner aucune solide response. Or, sus ce que de nouveau j'ay entendu de la bonne intention dudit sieur Roy vers ce quartier icy, j'ay escript fort amplement aux principaulx des dictz catholiques, sur un desseing que je leur ay envoyé, avec mon advis sur chascun poinct, se résouldre ensemble à l'exécution d'iceluy, et, pour gaigner temps, je leur ay mandé de vous dépescher en toute diligence quelc'un d'entre eulx suffisamment instruict pour traiter avec vous, suivant les offres généralles qui vous ont jà esté faites, de toutes choses qu'ilz auront à vous requérir en c'est affaire, avec ledit sieur Roy vostre maistre, vous voulant bien pour eulx, et sur leur foy et parolle qu'ilz m'en ont donnée, asseurer que fidèlement et sincèrement ilz accompliront, au hazard de leur vies, ce qu'ilz promettront par leur député; et pour ce vous priay-je de luy donner tout crédit en cela, comme si moy mesme l'avoys dépesché. Il vous informera des moyens de ma sortie hors d'icy, laquelle j'entrepreudray sur moy d'effectuer, moyennant que je soys avant la main asseurée de forces suffisantes pour me recepvoir et préserver dans le païs, en

Sie glauben nicht, wie sehr der Glanz der Thaten des Gr. von Leicester und (Sir Francis) Drake (s. Einl. A. 34) den Muth der Feinde des gen. Herrn Königs in der ganzen Christenheit gehoben hat und wie seine erstaunliche Geduld dieser Königin gegenüber das Zutrauen, welches die diesseitigen Katholiken immer in ihn gesetzt haben, geschwächt hatte. Für meine Person gestehe ich Ihnen offen, dass ich so sehr entmuthigt war, auf neue Pläne einzugehen, in Anbetracht des geringen Erfolges der früheren, dass ich mein Ohr verschiedenen Eröffnungen und Vorschlägen zu Unternehmungen, die mir seit diesen 6 Monaten (s. Einl. A. 23) durch die gen. Katholiken gemacht worden sind, verschlossen habe, da ich nicht in der Lage war, ihnen eine bestimmte Antwort zu geben. Jetzt, nachdem ich von neuem von der guten Absicht des gen. Herrn Königs gegen dieses Quartier hier vernommen habe, habe ich den Führern der gen. Katholiken sehr ausführlich über einen Plan, den ich ihnen zugesandt habe, geschrieben (Brief III) nebst meinem Rath über jeden Punkt sich gemeinsam zur Ausführung desselben schlüssig zu machen und, um Zeit zu gewinnen, habe ich ihnen aufgetragen, Ihnen in aller Eile einen aus ihrer Mitte zuzuschicken, der genugsam unterrichtet ist, um mit Ihnen gemäss den allgemeinen Anerbietungen, die ihnen schon gemacht worden sind, über alle Dinge, die sie von Ihnen in dieser Angelegenheit zu fordern haben werden, mit Genehmigung Ihres Gebieters, des gen. Herrn Königs, zu verhandeln, da Sie ihnen wohlwollen, und auf ihr Wort und die Zusage hin, die sie mir gegeben haben (s. Brief II) versichernd, dass sie ehrlich und aufrichtig mit Gefahr ihres Lebens erfüllen wollen, was sie durch ihren

attendant l'entière assemblée des
armées.

Abgesandten versprechen werden.
Und darum möchte ich Sie bitten,
ihm hierin vollen Credit zu geben,
wie wenn ich selbst ihn abgesandt
hätte. Er wird Sie über die Mittel
zu meinem Entrinnen von hier be-
lehren, das zu bewerkstelligen ich
für mich unternehmen werde, vorausgesetzt, dass ich vorher genügender
Truppenkräfte versichert bin, um
mich aufzunehmen und im Land zu
beschützen in Erwartung der vollständigen Sammlung der Armeen.

# Schlusswort.

Ueberblicken wir die gesammte obengedruckte Correspondenz Maria's mit ihren Freunden, so ergeben sich aus ihr folgende Thatsachen:

1) Das sog. Babington'sche Complot ist ohne Wissen und ohne Zuthun Maria's entstanden.

2) Maria erhielt die erste (und letzte) Kunde von der Existenz dieses Complottes durch Babington's „langen Brief" (= Brief II), der ihr erst am 12/22. Juli zugestellt wurde.

3) Maria hat in ihrer Antwort auf Babington's Brief am 17/27. Juli (= Brief III) den Plan der Verschworenen, eine Invasion Englands durch fremde Truppen und eine Erhebung der englischen Katholiken zu bewerkstelligen, gebilligt und ihre Mitwirkung zu einer Insurrektion Schottlands zugesagt, auch Mittel zu ihrer Befreiung angegeben. Sie warnte aber die Theilnehmer an dieser Aktion ausdrücklich, irgend etwas zu unternehmen, bevor sie nicht hinlängliche Garantie einer Hülfe von auswärts hätten und eine ausreichende fremde Mannschaft auf englischem Boden gelandet wäre.

4) Maria hat nirgends in ihren Briefen das Attentat auf das Leben Elisabeth's — wenn sie überhaupt darum wusste — auch nur mit einer Silbe berührt; die darauf bezüglichen Stellen des Briefes III sind Fälschungen des englischen Agenten Thomas Philipps.

5) Die erw. Conspiration war, als Maria davon erfuhr, erst im Entstehen begriffen; nicht einmal Mendoza hatte sichere Zusage ertheilt, sondern, wie er selbst in einem Briefe an Philipp II. vom 13. August 1586 (n. St.) sagt, nur ausweichend geantwortet (s. Teulet, Relations V S. 372). Eben sollte Ballard übers Meer nach Frankreich gehen, um Mendoza dringend um eine bestimmte Antwort zu ersuchen, als er durch einen englischen Spion verrathen und verhaftet wurde.

- 81 -

6) Maria hat niemals aufgehört, sich als souveräne Fürstin zu betrachten und glaubte sich den englischen Gesetzen als widerrechtlich Gefangene nicht unterworfen; sie hielt sich vielmehr für berechtigt, jedes Mittel, sofern es nicht gegen göttliches Gebot verstiess, zu ihrer Befreiung anzuwenden und die Intervention des Auslandes (sei es der ihr verwandten Guisen, sei es Philipp's II., der selbst Ansprüche auf den englischen Thron erhob) anzurufen, in der Hoffnung, dass durch dieselbe zugleich die katholische Religion in Schottland und England wiederhergestellt werden möchte.

7) Maria hatte Elisabeth längst als legitime Fürstin anerkannt und für deren Lebenszeit auf die Thronfolge in England verzichtet. Wenn sie dennoch dem Plane der englischen Katholiken, sich gegen Elisabeth zu erheben, beistimmte, so that sie dies in der Erwartung, dass sie ihre Freiheit erlangen und Elisabeth durch eine solche vom Auslande unterstützte Erhebung zu einem gütlichen Vergleiche gezwungen werden würde.[1])

Es fehlt mithin an jedem Beweis für die Behauptung, dass Maria jemals an die Ermordung der K. Elisabeth gedacht habe.

Uebrigens führt jenes Complot den Namen Babington'sches Complot nur mit Unrecht, denn Babington war keineswegs die Seele des ganzen Unternehmens. Vielmehr sind drei verschiedene und zu verschiedenen Zeiten entstandene Anschläge zu unterscheiden, welche durch eine leitende Hand, wahrscheinlich Ballard. zu einem Ganzen vereinigt wurden. Den Plan, Elisabeth zu ermorden, hatte John Savage zwischen Mittsommer (24. Juni) und Allerheiligen (1. November) 1585 gefasst. Ballard, der oftmals zwischen dem Continent und der Insel hin- und herfuhr und England und Schottland wiederholt bereist hatte, um die Stärke der katholischen Partei daselbst kennen zu lernen und einen Aufstand gegen Elisabeth mit auswärtiger Hülfe vorzubereiten, erfuhr davon und machte auch Babington damit bekannt, den er im Auftrag Morgan's, Paget's u. a. für den Plan der Befreiung Maria's gewonnen

1) Vgl. folgende Stelle in Bourgoing's Journal a. a. O. S. 531: Elle (Maria) dict (am 15/25. Okt. zu Fotheringay) qu'elle ne sçavoit quelles estoient leurs (des Pabstes, des K. von Spanien etc.) intentions et qu'elle n'est tenue d'en respondre, mais qu'elle s'asseuroit qu'ils eussent faict quelque chose pour elle, et que, s'ilz l'eussent voullu employer, elle eust peu moyenner quelque bon accord, comme elle s'est offerte plusieurs foys de faire, leur disant qu'ils ne la debvoient pas ainsi rejetter, et que, sy la perdoient, qu'ils en recepvroient plus de mal et dommaiges que de proffict, et qu'ils se mettoient en danger; et de tout ce qui estoit faict par les estrangers, qu'elle n'entendoit rien ny soubzhaittoit rien que sa dellivrance.

6

hatte. Da dieser Edelmann schon früher mit Maria verkehrt hatte, so erschien er als der geeignetste, um mit dieser Fürstin in Verbindung zu treten, deren Mitwirkung zum Gelingen des Aufstandes und der Befreiung aus der Haft zu Chartley nöthig war. Dass er Maria auch von dem beabsichtigten Attentat auf das Leben Elisabeth's in Kenntnis gesetzt habe, ist fraglich, da die Echtheit der bezüglichen Stellen des Briefes II bestritten wird. Wie wenig beweiskräftig auch die übrigen Dokumente, welche gegen Maria zu Fotheringay und in der Sternkammer zu Westminster vorgelegt wurden, hinsichtlich der Mitwissenschaft Maria's um jenes Attentat sind, wird die aktenmässige Geschichte jenes Prozesses ergeben, die ich meinem Versprechen getreu demnächst zu veröffentlichen gedenke.

# Inhaltsverzeichnis.

www.ingramcontent.com/pod-product-compliance
Lightning Source LLC
Chambersburg PA
CBHW032245080426

42735CB00008B/1011